사람이 부처님이다

무비스님의 법화경 이야기

불광출판부

사람이 부처님이다

머리말

이 책은 불교신문에 연재하던 법화경 강의입니다. 신문에 연재하는 것은 지면의 제한이 있어서 경문도 강의도 싣고 싶은 대로 다 실을 수가 없습니다. 그래서 신문의 연재와 관계없이 이야기하고 싶은 내용을 상당 부분 따로 더 써 두었다가 이렇게 책을 만들었습니다.

필자가 깨달은 불법(佛法)은 한마디로 "사람이 부처님이다〔人佛思想〕."라고 정의하고 싶습니다. 불법에 귀의하여 수십 년의 세월을 "진정한 불법이 무엇일까?"라고 하는 이 무거운 화두를 한시도 놓을 수 없었는데 이제야 겨우 그 놓을 자리를 찾은 듯합니다. 그 놓을 자리란 다름 아닌, 문제를 지고 끙끙거리던 나 자신이었습니다. 나 자신이 문제를 놓을 자리이고, 문제를 제기한 당사자고, 나 자신이 바로 문제 그 자체임을 깨달은 것입니다.

다시 말하면, "무엇이 진정한 불법(佛法)인가?"라는 큰 문제가 나에게서 출발하여 수십 년을 천하를 횡행(橫行)

하다가 결국은 출발하기 이전의 나에게서 그 귀착점을 발견하게 된 것입니다. 천하를 횡행하였다는 말은 동서고금의 성현들의 가르침과 불교의 수많은 경전, 선어록, 율문, 선원에서의 실참(實參) 생활, 그리고 당대의 모든 선지식들에게서 친히 받은 가르침들을 들 수 있습니다. 아마도 필자처럼 많이 기웃거린 사람도 흔치 않으리라 생각합니다. 그래서 지금까지 깨달은 결론은 "사람이 부처님이다"라는 것입니다.

불교에는 수많은 경전과 어록이 있지만 법화경 강의를 중심으로 하여 몇 가지 어록들에서 쉽게 볼 수 있었던 인불사상(人佛思想)들을 살펴보면서 평소에 하고 싶었던 이야기들을 형식에 구애받지 않고 자유롭게 이야기하였습니다. 이쯤의 세월에 이르러서, 그리고 그만한 공을 드리고서도 소신 있는 말 한마디 없다면 그 또한 부끄러운 일이며, 고인들에게나 후인들에게 모두 빚을 지는 일이라 생각합니다. 비록 글은 거칠고 말은 정리되지 않았더라도 뜻은 충분히 전할 수 있었으리라 생각합니다. 실은 지금까지 나의 삶의 무게를 다 실어서 하고 싶었던 말이기도 합니다.

이 책은 누구나 읽을 글은 아닙니다. 기존의 불교상식에 젖어있는 분들은 상당한 인내심을 가지고 읽지 않으면 끝까지 읽기가 어려울 것입니다. 법화경에서 상당한 수준에 오른 5천명의 불제자가 "사람이 부처님이다.""제바달다 같은 천하의 무도한 악인도 부처님이다. 그리고 나의 스승이다."라는 말이 마음에 들지 않아 부처님이 법을 설하는 자리를 박차고 나가버린 전무후무한 사실이 그것을 증명합니다. 어쩌면 당치도 않는 헛소리로 들릴지도 모릅니다. 필자는 법화회상(法華會上)의 그 사실을 생각하면서 매우 조심스럽게 이 글을 썼습니다.

실로 모든 사람들은 삼독번뇌(三毒煩惱)와 시기질투와

병고액난이 있더라도 지금 그대로 부처님입니다. 이렇게 보고, 이렇게 듣는 그 사람이 곧 부처님입니다. 이렇게 보고 들을 줄 아는 그 능력은 실로 무량공덕이며, 불가사의한 부처님의 신통묘용(神通妙用)입니다.

그러므로 모든 사람들은 부처님입니다. 진정 인류의 행복과 평화를 위해서라면 모든 사람들을 부처님으로 받들어 섬겨야 합니다. 모든 사람들을 부처님으로 받들어 섬기면 그도 행복하고 나도 행복하고 세상이 모두 행복합니다.

불기 2546년 임오년 중추
여천 무비

차 례

강의를 시작하면서

법화경이란

세상사가 걷잡을 수없이 급하게 변화해 가는 이즘에 새삼 부처님의 가르침이 소중함을 느낍니다. 요즘 세상사람들의 사는 모습이란 마치 옛 아이들의 놀이에서 기둥을 잡고 뺑뺑이를 도는 일과 같습니다. 한참을 돌다가 잡은 기둥을 놓쳐버리면 저만치 나가 곤두박질을 칩니다. 잘못하면 크게 다치고 상처를 입습니다. 지금 같은 세상에 만약 부처님의 진실한 가르침이 없다면 수많은 사람들이 마치 기둥을 놓쳐버린 아이가 저만치 나가 곤두박질을 치는 격이 될 것입니다.

인류에게 있어서 그리고 걷잡을 수 없이 변화하는 오늘날에 있어서 바르고 참된 삶의 이치를 설하신 부처님의 가르침은 영원히 놓칠 수 없는 인생의 튼튼한 기둥으로 더욱 큰 빛을 발하고 있습니다.

불교의 수많은 가르침들 중에서 대왕(大王)의 위치에 자리하고 있다는 법화경을 이 시대에 바르고 진실하게 다시 풀어서 인생사와 세상사를 법화경은 어떻게 설명하고 있는지를 지금 새롭게 이해해 보는 것은 어쩌면 너무나도 당연한 일이라는 생각이 듭니다. 더구나 불교공부를 많이 한 사람으로서 '진정한 불법은 무엇인가?' '부처님의 진심은 어디에 있는가?' '불교의 궁극의 가르침은 무엇인가?' 하는 문제를 생각할 때 이 법화경이야말로 더없이 좋은 해답서일 것입니다. 그러므로 이 법화경을 통해서 불교의 궁극의 가르침이 무엇이며, 삼라만상과 사람들은 그 실상이 무엇이며, 그리고 사람들은 어떻게 살아야 하는가라는 문제들을 살펴보려고 합니다.

부처님께서는 법화경에서 수차에 걸쳐 하신 말씀이 "이 경전은 불교에 있어서 최고의 수준에 이른 사람들[보살]만을 위한 가르침이다. 늘 마음속에 간직하여 두고 아까워하던 가르침이다. 비장해 두었던 최상의 가르침이다. 내가 열반을 앞두고 최후의 유언으로 전해주는 가르침이다. 이 이상은 없다."라고 하셨습니다. 전통 교학적인 표현을 빌리지 않더라도 불교경전 전반에 있어서 얼마나 소중하고 높이 평가받는 경전임을 알 수 있는 말씀입니다.

화엄경은 막 떠오르는 아침해에다 비유하고 법화경은 장엄한 낙조를 남기고 사라지는 저녁 해에다 비유합니다.

"아침의 밝은 햇살도, 한낮의 그 뜨겁고 강렬함도, 석양의 신비한 아름다움도, 모두가 아쉬움은 있으나 그러나 보여줄 것은 모두 보여주었고 이제 더 이상은 없노라. 단지 곧 밤이 오려는데 그 어둠을 밝힐 마음의 빛을 주노라. 부디 잘 받아 지니도록 하라."라는 말씀으로 생각할 수도 있습니다.

더없이 아름다운 세상
－법화경의 제목 풀이

　법화경의 온전한 이름은 묘법연화경(妙法蓮華經)입니다.

　　"진흙 속에서 더욱 빛나고
　　그 고귀한 모습으로
　　늘 그렇게 피어있는 흰 연꽃처럼
　　더없이 아름다운
　　이 세상에 존재하는 모든 것들과
　　세상에서 일어나는 모든 일들에 대한
　　바른 이해의 가르침"이라는 뜻입니다.

　불교의 모든 경전은 그 경전이 담고 있는 가장 중요한

뜻을 경전 제목에 함축하여 나타내고 있습니다. 『금강반야바라밀경』이 그렇고 『대방광불화엄경』이 그렇습니다. 『묘법연화경』은 더더욱 그렇습니다.

그래서 경전의 제목만을 읽어도 그 경전의 가장 핵심적인 뜻을 생각할 수 있으며, 그 경전의 제목만을 독송하여도 그 경전 전체를 독송하는 공덕이 있다 하여 경전 제목을 불·보살의 명호를 칭명(稱名)하듯이 하는 수행법도 많이 행해지고 있습니다.

먼저 묘법(妙法)이란 모든 사람들을 위시하여 이 세상에 존재하는 유정이나 무정, 일체 삼라만상들과 그들이 활동하고 움직임이 그지없이 아름답고 미묘 불가사의하며 고귀하다는 뜻입니다. 특히 사람 사람들이 그지없이 아름답고 미묘 불가사의하다는 것은 한마디로 사람이 곧 부처님이라는 말입니다. 깨달은 사람들의 눈으로 볼 때, 우리 인간들이야말로 더없이 소중하고 미묘 불가사의하며, 아름답기 그지없고, 보고 듣고 알고 느끼는 그 신통묘용(神通妙用)이 신묘불측(神妙不測)하다고 하십니다.

여기에서 부족한 것은 아무 것도 없습니다. 그래서 미묘한 도리[妙法]라고 하였습니다. 이것을 누구보다도 밝게 깨어 있는 부처님께서 법화경이라는 가르침을 통하여 인류에게 깨우쳐 주고자 하는 것입니다.

다음의 연화(蓮華)란 우리가 익히 아는 연꽃으로서 특히 여기에서는 흰 연꽃을 뜻합니다. 다른 경전에는 붉은 연꽃, 푸른 연꽃, 황색 연꽃도 등장합니다. 연꽃은 그 꽃이 뿌리를 내리고 있는 곳과 그 꽃과 열매의 관계가 특별하기 때문에 경전에 가장 많이 등장하는 꽃이며 일찍부터 불교의 사상을 가장 잘 상징하고 있다 하여 불교의 꽃으로 정하여 졌습니다.

연꽃의 첫째 특징은 높은 언덕이나 잘 다듬어진 화단에서 피지를 않습니다. 진흙탕 더러운 늪에서만 핍니다. 그리고 두 번째 특징은 꽃이 필 때 열매도 꽃과 함께 생겨난다는 것입니다. 진흙탕이란 두말할 나위도 없이 고통스럽고 급박하고 쓰라린, 즉 사람들이 사는 이 세상의 현실을 뜻합니다. 그런 진흙탕 속에서라야 그 고결하고 아름다운 꽃을 피울 수 있다는 것은 초월적 깨달음의 경지도 결국은 인간의 파란만장한 현실에서 출발하였으며 그런 현실을 떠나서는 부처님의 세계도 존재할 수 없다는 뜻입니다. 즉 흙투성이의 못생긴 연뿌리에서 그 아름다운 연꽃을 보아야 합니다. 부정부패와 시비영욕과 희로애락이 뒤범벅이 되어 사람들이 사는 이 땅 이 국토를 형성하고 있는 이 현실에서 부처님의 삶을 보아야 합니다. 그런 사람들의 삶 속에서 부처님과 부처님의 삶을 발견하지 못하면 더 이상 어디에도 없습니다. 초월적 깨달음의 경지란 바로 우리들의 오늘의 삶입니다. 물결을 떠나서 물이 없고 물을 떠나서 물결이 없습니다. 정신없이 출렁거리는 그대로가 물입니다. 숱한 병고와 팔만사천의 번뇌로 몸부림치며 잠 못 이루는 그 모습 그대로가 부처님의 삶입니다.

옛 조사스님께서 사람 사람들이 더없이 소중하고 아름답고 완전무결한 존재임을 표현하는 말씀에 이런 것이 있습니다.

"구류동거일법계(九類同居一法界)
자라장리살진주(紫羅帳裏撒珍珠)

무수한 사람들
무한한 생명들
그들이 함께
이 땅 이 국토에 살고 있네
마치 아름다운 비단 위에
빛나는 보석을 뿌려놓은 듯
사랑스럽고 아름답기 그지없네."

연꽃의 두 번째 특징인 열매와 꽃이 처음부터 함께 생긴다는 것은 원인〔꽃〕에 해당되는 중생들의 삶과 결과〔열매〕에 해당되는 부처님의 삶이 공존하고 있으며 그것이 가장 이상적인 사상으로서 "사람이 곧 부처님"이라는 뜻입니다. 그래서 연꽃으로 부처님의 궁극적인 가르침을 간단명료하면서도 가장 잘 나타내고 있다고 합니다.

경전은 깨달은 분들의 가르침

경(經)이란 성인들의 가르침, 즉 늘 바르게 깨어있는 위대한 성자의 가르침을 경이라고 합니다. 불교에서는 진리를 깨달은 사람들의 가르침은 누구의 가르침이든 모두 부처님의 이름으로 편찬하여 경전이라고 합니다.

특히 부처님이 열반하시고 5, 6백년이 지났을 무렵부터 인도에서는 대승경전이 매우 많이 편찬되었는데 모두 석가모니 부처님의 이름으로 편찬하였습니다. 편찬하신 분들은 모두 석가모니 부처님처럼 깨달음을 이루었고, 그 깨달음에 의하여 진리를 설파하셨기 때문에 그분들의 가르침을 경전이라 하더라도 전혀 이상할 것이 없기 때문입니다. 석가의 이름을 빌리든 아난존자의 이름을 빌리든 자신의 이름으로 저술을 하든 그 문제도 역시 전혀 잘못이 없습니다.

다른 종교에서는 말씀의 진위 여부를 가려서 아니다 싶으면 배제해 버리지만 불교에서는 바른 가르침이거나, 사람들에게 유익한 가르침이면 모두 경전에 포함시키는 경향이 있습니다. 그러므로 비불설(非佛說)이니, 위경(僞經)이니 하는 말은 아무런 의미가 없습니다. 법화경에 이르기를, "혹 있는 사실도 말하고 없는 것도 꾸며서 이야기하여 사람들의 이익과 행복에 보탬이 된다면 나는 가리지 않았다."라고 하였습니다. 문 밖에 호랑이가 실제로 왔든지, 오지 않았든지 그것은 아무런 상관없이 우는 아이의 울음을 그치게 할 수 있다면 그것으로 충분합니다. 경전의 진실은 거기에 있고 그렇게 성립된 것입니다.

깨달은 사람들은 모두가 인불사상가(人佛思想家)

"흰 연꽃처럼 고결하고 아름다운 세상의 모든 생명들에 대한 바른 가르침에 귀의합니다. 지면의 제약으로 인하여 경전의 모든 내용들을 일일이 소개하고 설명하지 못하는 아쉬움이 있으나 부디 이 성스러운 경전을 바르게 해석하도록 가피(加被)를 드리우소서."

법화경을 강의하는데 인불사상(人佛思想)을 높이 드러내는 내용들을 중심으로 발췌하여 강의하려고 합니다. 법화경 전편을 강의하는 것은 다른 기회에 할 것입니다. 필자가 주창하는 인불사상은 법화경에서 부처님이 수십 회에 걸쳐서 설하신 내용이라는 사실을 증명하기 위해서입니다. 그리고 조사스님들의 어록이 자주 인용되는 것은 깨달은 분들의 한결같은 주장이 바로 인불사상이라는 뜻에서입니다. 다시 말해서 세존으로부터 근래의 선지식들에 이르기까지 진리에 눈을 뜨고 불교를 바르게 이해하신 이들의 한결같은 가르침은 모두가 '사람이 부처님'이라는 인불사상을 주장하고 있습니다. 이렇게 보고 듣는 이 사람이야말로 진정 살아있는 부처님이기 때문입니다. 근래의 대표적인 선지식인 성철(性徹) 스님의 「천지는 한 뿌리」라는 제목의 1986년 부처님오신날의 법어를 살펴보겠습니다.

천지는 한 뿌리

"교도소에서 살아가는 거룩한 부처님들, 오늘은 당신네의 생신이니 축하합니다.

술집에서 웃음 파는 엄숙한 부처님들, 오늘은 당신네의 생신이니 축하합니다.

밤하늘에 반짝이는 수 없는 부처님들, 오늘은 당신네의 생신이니 축하합니다.

꽃밭에서 활짝 웃는 아름다운 부처님들, 오늘은 당신

25

네의 생신이니 축하합니다.

구름 되어 둥둥 떠 있는 변화무쌍한 부처님들, 바위되어 우뚝 서 있는 한가로운 부처님들, 오늘은 당신네의 생신이니 축하합니다.

물 속에서 헤엄치는 귀여운 부처님들, 허공을 훨훨 나는 활발한 부처님들, 교회에서 찬송하는 경건한 부처님들, 법당에서 염불하는 청수한 부처님들, 오늘은 당신네의 생신이니 축하합니다.

넓고 넓은 들판에서 흙을 파는 부처님들, 우렁찬 공장에서 땀 흘리는 부처님들, 자욱한 먼지 속을 오고 가는 부처님들, 고요한 교실에서 공부하는 부처님들, 오늘은 당신네의 생신이니 축하합니다.

눈을 떠도 부처님, 눈을 감아도 부처님.

광활한 이 우주에 부처님을 피하려 하여도 피할 곳이 없으니 상하 사방을 두루두루 절하며 당신네의 생신을 축하합니다.

천지는 한 뿌리요, 만물은 한 몸이라. 일체가 부처님이요, 부처님이 일체이니 모두가 평등하며 낱낱이 장엄합니다.

이러한 부처님의 세계는 모든 고뇌를 초월하여 지극한 행복을 누리며 곳곳이 불가사의한 해탈도량이니 신기하고도 신기합니다.

　입은 옷은 각각 달라 천차만별이지만 변함없는 부처님의 모습은 한결 같습니다.

　자비의 미소를 항상 머금고 천둥보다 더 큰 소리로 끊임없이 설법하시며 우주에 꽉 차 계시는 모든 부처님들, 나날이 좋을시고. 당신네의 생신이니 영원에서 영원이 다하도록 서로 존중하며 서로 축하합시다."

실로 천고에 다시없을 절문(絶文)입니다. 저 유명하다는 도연명의 귀거래사(歸去來辭)도 굴원의 이소경(離騷經)도 소동파의 적벽부(赤壁賦)도 제갈량의 출사표(出師表)도 모두가 인간의 시비영욕 속에서 허우적대는 한숨이요, 절규인 것을 눈이 어두운 사람들은 천하의 명문이라고 찬탄을 아끼지 않습니다만 실은 아무런 알맹이 없는 글입니다.

　성철 스님은 사람이 부처님이다라는 것을 넘어서 모든 삼라만상과 두두물물이 다 부처님이라는 화엄경의 사상, 즉 불교 궁극의 가르침을 말씀하고 계십니다. 그렇습니다. 실은 사람들뿐만 아니라 사물 하나하나가 모두 부처님입니다. 세상에서 벌어지는 모든 일들은 그대로가 불사(佛事)입니다.

　"밤하늘에 반짝이는 수 없는 부처님들, 꽃밭에서 활짝

웃는 아름다운 부처님들, 구름 되어 둥둥 떠 있는 변화무쌍한 부처님들, 바위 되어 우뚝 서 있는 한가로운 부처님들, 오늘은 당신네의 생신이니 축하합니다."라고 하였습니다. 사람으로서 삶을 영위하고 불자로서 불교를 공부하는 데는 이처럼 무엇보다 중요한 것이 참되고 바른 소견입니다. 참으로 이 이상 더 나아갈 데가 없는, 가슴이 떨리고 숨이 멎을 것 같은 궁극의 가르침입니다.

사람의 삶이 최우선

그러나 이 세상에서 무엇보다 소중한 것은 '사람의 삶'이기에 사람들이 우선적으로 부처님으로 이해되어야 하고, 사람들을 부처님으로 받들어 섬겨야 합니다. 그래서 이 세상에 사람이 사람을 살육하여 숱한 사람들을 극한 고통의 늪으로 몰아 넣는 일부터 없어야 합니다. 사람들의 삶을 위협하고, 힘들게 하고, 억울하게 하고, 온갖 방법으로 괴롭히는 일부터 제발 없어야 합니다. 부처님의 모든 가르침이 그렇듯이 이 작고 소박한 가르침이 행복운동, 평화운동의 선언서가 되었으면 하는 마음입니다.

"모든 살아있는 것을 죽이지 말라."는 것은 부처님의 가르침의 첫째 항목입니다. 그만큼 삶이란 사실이 소중하다는 것입니다. 어느 사형수가 죽음을 앞두고 잠 못 이

루는 밤을 지새다가 감옥 안에 기어다니는 작은 벌레를
발견하고는 너무나도 부러운 마음이 들어서 이런 시를
남겼습니다.

"형장의 이슬로 사라질 이 몸이 애석하구나.
버러지가 되어서라도 이 생을 이어갈 수는 없을까."

라고 했습니다.

이것은 사형수가 아니면 노래할 수 없는 시라고 생각합
니다. 사형선고를 받았기 때문에 그렇게까지 생명의 존귀
함을 절실히 느꼈던 것입니다. 그에게 있어서 하루하루는
무엇과도 바꿀 수 없는 귀중한 순간 순간이었습니다.

그는 또 이런 시도 남겼다고 합니다.

"애정에 굶주린 사형수여라.
과자를 땅에 놓고 개미를 기다리네."

"세상에 보탬이 되고 죽고 싶은데
사형수의 이 눈을 얻으려는 사람도 없네."

사람이 부처님이다

제1 서품(序品)

영축산에서 법회가 열리다

강의 서품이란 법화경 전체가 28품으로 되어 있는데 경전의 본 뜻을 이야기하기 위한 실마리에 해당됩니다. 실마리라고는 하나 그 광경은 실로 휘황 찬란하고 그 내용은 심오하기 이를 데 없습니다. 법회가 열린 곳과 모인 대중들, 그리고 앞으로 가장 높고 미묘한 진리의 설법이 있음을 알리는 상서로운 징조들이 하나하나 소개됩니다. 이어서 미륵보살과 문수보살이 등장하여 그 서막을 알리는 대화가 이어집니다.

경문 저는 이러한 광경을 보고 들었습니다. 어느 날 부처님께서는 왕사성 영축산에서 한량없이 많은 사람들과 함께 있었습니다. 그들은 실로 각계 각층의 다종 다양한 사람들이었습니다.

그 때 부처님은 수많은 대중들에게 공양과 공경을 받으시며 무량의(無量義)라는 경을 설하시고 나서 삼매(三昧)에 들었습니다. 그러자 하늘에서는 꽃비가 내리고 땅은 크게 진동하였습니다. 대중들은 모두들 전에 없던 일이라고 기뻐하며 부처님을 우러러보았습니다.

대중에 대하여

강의 미묘 불가사의한 이치를 지극히 아름다운 문장으로 표현하였다고 하여 경전 중에서 왕(王)이라고 추앙 받는 법화경은 그 서두를 이렇게 시작합니다. 부처님의 주변에는 언제나 한량없는 제자들이 있습니다. 미묘한 이치가 설해지는 때면 그 수는 더욱 많고 다양합니다. 그리고 그들의 수준도 또한 다른 때와는 전혀 다릅니다.

경문에, "불교 최고 수준에 있는 보살들만을 가르치는 법이다(敎菩薩法)."라고 자주 말씀하셨습니다. 그러므로 경전에서는 매우 다양한 대중들을 다 열거하고 있으나 부처님이 보호하고 아끼던 가르침이며, 비밀처럼 소중하게 간직하던 가르침이라고 하였기 때문에, 그러한 내용들을 알아들을 이들이라고 생각한다면 모양은 다양하여도 그 수준은 최고조에 달한 대중들입니다. 즉 사람이 부처님이라는 궁극의 이치를 충분히 소화할 만한 대중들임에 틀림

없습니다.

　법화경을 읽고 이해하려면 먼저 온갖 모순과 번뇌로 뒤덮인 이 하잘 것 없는 인간이 그대로 더없이 위대하고 청정무구한 부처님이라는 사실을 알아야 합니다. 현재의 인간 이대로 부처님이라는 눈을 가져야 합니다.

선정에 대하여

　마침 법화경을 설하시기 전에 무량의라는 경을 설해 마치시고 부처님은 삼매에 들었습니다. 거의 모든 경전의 서두에 등장하는 이 삼매란 달리 표현하면 명상(瞑想)입니다. 불교에서 말하는 여러 가지 수행방법들 중에서 가장 중요한 것입니다. 부처님께서 깨달음을 얻기 전 6년간은 오로지 이 명상 수행만을 하셨으며, 깨달음을 얻고 난 뒤에도 부처님의 일과는 설법을 하시는 시간 외에는 다만 명상을 하셨습니다.

　특히 설법을 하시기 전이나 설법을 하신 뒤에는 반드시 이렇게 명상에 들었습니다. 오늘날도 법회가 열릴 때면 지극히 짧은 시간이나마 반드시 대중들이 입정(入定)이라고 하여 명상을 한 뒤 법문을 설하는 이유도 그래서입니다. 전문적인 수행인이 아니더라도 하루의 일을 시작하기 전과 하루의 일을 마친 후 단지 몇 분만이라도 조용히 앉아 명상을 한다면 그 사람의 인생은 틀림없이 달라질 것입니다.

입정의 중요함은 실은 법문을 듣기 전보다 들은 후가 더 중요합니다. 흔히 법문을 듣고는 바로 일어나거나 다른 일을 하거나 담소를 하는 일이 많은데 법문을 들은 것을 마음 깊이 새겨두고 외워서 오래도록 지니려면 깊은 명상을 통해야 가능한 일입니다〔默坐觀之〕. 법문의 시간을 줄이더라도 듣고 난 뒤에 다시 입정을 하는 것이 꼭 필요하다고 생각합니다.

특히 법화경의 인불사상(人佛思想)은 깊은 명상과 오랜 사색이 아니면 접근하기 어려운 문제입니다. 선시(禪詩)의 백미라고 알려져 있는 영가 스님의 증도가(證道歌) 서두에도, "허망하고 헛것인 이 육신이 그대로 영원한 생명의 청정법신(淸淨法身)이다."라고 하였는데 이런 경지는 깨달음의 안목이 아니면 깊은 명상이라도 있어야 먼발치에서라도 엿볼 수 있는 말입니다.

실로 인간으로서 살아가는 일에는 무엇보다 바른 소견이 필요합니다. 참되고 바른 소견이란 이렇게 보고 듣는 이 능력이 불가사의한 신통묘용임을 아는 일입니다. 허망한 육신으로서 청정법신의 신통묘용인 보고 듣는 일을 합니다. 이 외에는 달리 아무 것도 없습니다. 진정으로 이러한 사람이 부처님임을 알아야 합니다.

상서에 대하여…
-부처님의 깨달음은 가장 크고 기쁜 사건

한편 하늘에서는 꽃비가 내리고 땅에서는 진동이 일어났습니다. 모여 온 대중들은 처음 본 일이라 그 기쁨은 이루 말할 수 없습니다. 진흙 속에서 더욱 빛나고, 그 고귀한 모습으로 늘 그렇게 피어있는 흰 연꽃처럼 더없이 아름다운, 이 세상에 존재하는 모든 생명들과 세상에서 일어나는 모든 일들에 대한 바른 이해의 가르침을 펴시려는 징조임에 틀림없습니다.

부처님의 깨달음은 인류사에서 가장 크고 기쁜 사건입니다. 그 크고 기쁜 일의 모든 것을 다 말씀하시려고 하십니다. 왜 부처님의 깨달음이 인류사에 있어서 가장 크고 기쁜 사건인가? 부처님이 깨닫기 전에는 모든 사람 모든 생명이 더 이상의 가치를 알지 못하고 사람이나 동물이나 식물, 광물들이 모두 눈에 비친 모습대로만 알 뿐이었는데 부처님의 깨달음을 통해서 비로소 모든 존재가 다같이 부처님이라는 사실이 증명되었고, 그 사실을 보증 받았기 때문입니다. 부처님이 깨달음을 얻고 난 뒤, 이 우주가 뒤흔들리도록 천상천하에 높이 부르짖은 말씀이 연기의 도리도 중도의 이치도 아닌, "사람 사람들이 모두가 부처님이다."라는 말씀입니다.

하늘에는 꽃비가 내리고 땅은 크게 진동하였다는 경문이 있습니다. 불교의 경전을 읽을 때는 경문이 갖는 상징적인 표현을 잘 새겨야 그 깊은 뜻을 이해할 수가 있고 재미도 있습니다. 인류사에 다시 없을 지극히 아름답고도 놀라운 가르침이 오랜 시간에 걸쳐 펼쳐지려는 이 가슴 떨리는 순간을 깊이 느끼고 있는 경전 편찬자의 마음을 너무도 사실적으로 표현한 글입니다. 적어도 사실은 아니더라도 진실임에는 틀림없습니다. 법화경에서 수없이 소개되고 있는 상징적인 현상들을 주의 깊게 읽고 마음에 잘 새겨야 할 일입니다.

깨달음을 이루고 가장 먼저 설하셨다는 화엄경 여래출현품에 "그 때 여래가 걸림이 없는 청정한 지혜의 눈으로 온 법계의 모든 사람들을 두루 살피시고 이런 말씀을 하셨습니다. '신기하고 신기하여라. 이 모든 사람들이 여래의 지혜를 다 갖추고 있구나. 그런데 어리석고 미혹하여 그 사실을 알지 못하고 보지 못하는구나.'〔爾時如來가 以無障淸淨智眼으로 普觀法界一切衆生하고 而作是言하사대 奇哉奇哉라 此諸衆生이 云何具有如來智慧언마는 愚癡迷惑하야 不知不見가〕."

그렇습니다. 사람이 그대로 부처님의 지혜를 가졌습니

다. 그래서 사람을 부처님이라고 하는 것입니다. 부처님이 사람과 다른 점이 없지만 굳이 다른 점을 찾아내어 말한다면, 사람들이 부처님의 지혜를 가지고 있다는 사실을 깨달아 알고 있다는 것뿐입니다. 그래서 "사람이 부처님이다."라고 선언하셨습니다. 사람들은 단지 그것을 모르고 있을 뿐입니다. 모르고 있다고 해서 부처님이 아닌 것은 아닙니다.

자신이 가진 보물이 진짜 다이아몬드라는 사실을 모르더라도 진짜 다이아몬드를 가졌으면 그것은 진짜 다이아몬드일 뿐이니까요. 이러한 확신을 가지고 살아야 진정한 불자(佛子)라고 할 수 있습니다. 불교인이라고 할 수 있습니다. 이 사실에 대한 확신이 없으면 아직은 불자가 못 됩니다. 모든 사람이 다 부처님입니다.

지나간 세월에 이 땅을 다녀간 그 수많은 사람들도 부처님이요, 현재에 이 땅 이 국토에 함께 살아가고 있는 모든 이들도 다 부처님입니다. 그리고 미래에 올 무량한 생명들 역시 부처님입니다. 우리가 영가라고 하는 선망부모님들과 그 외에 유주 무주 고혼(孤魂)들 역시 한결같은 부처님입니다. 모든 영가들은 이 수기 이 보증으로 인하여 일시에 성불한 것입니다. 지금 비로소 성불한 것이 아니고 법화경 화성유품의 대통지승불이나, 여래수량품의 이야기처럼 한량없는 아승지겁 이전부터 본래로 성불인 것입니다. 흔히 쓰는 말 중에 진묵겁전조성불(塵墨劫前早成佛), 즉 아득한 세월 이전부터 이미 성불하여 마쳤다는 말이 본래 그러한 뜻입니다. 우리 불자들이 흔히 잘 외우고 있는 법성게에도 구래부동명위불(久來不動名爲佛)이라 하여 사람은 아주 오랜 옛부터 변함 없는 부처님이라고 하였습니다. 부처님의 깨달음으로 인하여 과거, 현재, 미래의 모든 생명들과 일체 삼라만상들이 일시에 성불하였기 때문에 깨달음은 인류사에서 가장 크고 기쁜 사건이라 한 것입니다.

그러므로 모든 생명들을 부처님으로 받들어 섬깁시다. 부처님으로 받들어 섬기면 그도 행복하고 나도 행복합니다. 온 세상이 다 행복합니다.

속박과 자유에 대하여

강의 "말이란 들을 만한 사람이 있는데도 하지 않으면 사람을 잃고, 들을 수 없는 사람에게 하면 말을 잃어버린다."고 하였습니다. 아마도 부처님의 생애에서 최후로 가장 중요한 말씀을, 그리고 가장 망설이던 말씀을 하시려는 때가 되어서 이처럼 상서로운 일이 일어나지 않았나 합니다.

그리고 법을 듣기 위하여 모인 청중들의 수준을 나타내는 경문 가운데 "더 이상의 번뇌가 없고 모든 존재의 속박도 없어서 마음이 자유로워진 사람들이다."라고 한 말이 있습니다. 불교에서는 모든 것으로부터 벗어난 해탈이나, 자유자재나, 걸림 없음의 무애와 같은 말을 곧잘 씁니다. 수행이 높아지면 그만치 속박으로부터 벗어나고 자유로워야 된다는 것입니다. 사람이란 본래 무엇에도 구속될 수 없는 대자유인(大自由人)이기 때문입니다. 사람이 본래로 부처님이라는 사실은 자유자재한 인간의 본 생명을 뜻하기도 하는데 그 본래의 생명대로 살지 못하고 너무도 강력한 구속을 받으며 삽니다. 더욱이 구속을 받으면서도 받고 있다는 사실도 모른 채 살아가고 있습니다. 보통 사람들의 속박의 문제에 대하여 라즈니쉬는 이렇게 말하고 있습니다.

누구나 '나는 자유롭다'는 얼굴을 하고 있다. 누구 한 사람 수갑을 차고 있지 않으며, 끈으로 묶여 있지도 않다. 그러나 조금만 다가가서 보면 그대는 지나치게 많은 끈으로 묶여 있다. 그것이 그대를 어떤 방향으로 잡아당기고 있다. 게다가 거의가 모순된 방향으로 잡아당긴다. 그것이 분열된 인격을 만들어내고 단편화된 인격을 만들어 낸다.

그대는 이 끈을 사랑이라 부를지 모른다. 그대는 이 끈을 야심, 욕망, 질투, 미움이라 부를 수도 있다. 뭐라 부르든 다를 게 없다. 그것은 모두 끈이다. 그대의 마음 속에 무엇이 들어있든 그것들은 모두 끈이 된다. 아무 것도 들어있지 않은 마음만이 자유가 뭔지를 안다.

외부에서 보면 누구나 자유롭게 보인다. 허나 깨달은 이가 말하고 있는 것은 눈에 보이지 않는 끈이다. 그대 는 이것을 이해할 수 있다. 자기 자신의 끈을 볼 수 있 다. 어머니나 아버지에 대한 집착, 아내나 남편, 자식들 에 대한 집착, 친구와 적들에 대한 집착들을 볼 수 있다.

마하트마 간디가 1948년 저격되었을 때였다. 지나 (Jinnah)는 나라를 둘로 나눠 이슬람 독립국을 만들기 위해 평생 동안 간디와 싸워온 남자였다. 그가 정원에 앉아 신문을 보는데, 비서가 급히 달려와 간디가 저격 당해 사망했다고 알려왔다. 비서는 지나의 눈에서 눈물 이 흐르는 것을 믿을 수가 없었다. 그는 아무 말 없이 자 기 방으로 돌아갔다. 사실은 바로 그 순간 지나도 죽었 던 것이다. 그는 병이 들어 다시는 자기 방에서 나오지 못했다.

그는 여러 번 질문을 받았다.

"왜 그렇게 병이 들었죠? 당신의 건강은 더할 나위 없이 좋았는데, 간디의 뉴스가 ⋯."

지나가 말했다.

"이제 와서 보니 적과의 사이에서도 일종의 관계가 존재하는 걸 알겠다. 간디가 없다면 나 역시 존재하지 않는다. 간디가 힌두교도에게 저격당하면 나 역시 언제라도 이슬람교도에게 저격당할 수 있다."

그는 간디가 저격당할 때까지는 집 주변에 호위병을 두지 않았다. 그는 이렇게 말하면서 거절했다.

"이슬람교도가 내 생명을 위협한다고 생각만 해도 어이없다. 나는 그들을 위해 싸워 왔으며, 그들에게 독립된 국가를 주기 위해 고군분투하고 있다."

그러나 간디가 죽던 그 날, 그는 즉시 집 주변에 호위병을 두라고 명령했다. 그것이 그에게 그토록 큰 충격이었는지는 아무도 이해할 수 없었다.

"간디가 죽었으니 마땅히 기뻐해야 옳다. 그러나 내 눈은 눈물로 가득 차 있다. 간디가 없어짐으로써 나는 나 자신을 상실하고 말았다. 그와의 싸움이 내 인생의 전부였다. 내 인생의 반이 끝나고 말았다. 이제 나는 불구의 인생을 살아야 한다."

그리고 그는 두 번 다시 건강을 회복하지 못했다. 그

는 몇 달 뒤 죽었다.

자기 주변을 둘러보면 수많은 끈을 발견할 수 있다. 그것은 거의 그물과 같다. 만일 끈이 하나라면, 그 끈을 잘라내 자유롭게 되는 것은 간단한 일이다. 하지만 끈은 무수히 많다. 그대의 인격 전체는 그러한 끈으로 이루어졌다. 이 끈들이 그대를 포로로 만들고 있는 것이다. 그 끈들은 슬픔과 고뇌를 생산할 뿐, 자기 존엄성과 주체성을 갖는 것을 허락하지 않는다. 그러나 너무나 익숙해졌기 때문에 그 끈을 버리게 되면 마치 자기 자신의 존재를 잘라내는 듯한 느낌이 엄습한다. 그 끈들은 그대의 제2의 본성이 되어버린 것이다.

이처럼 사랑과 애착의 관계도 끈이지만, 미움의 관계도 무서운 끈입니다. 부처님에게 이 최고의 가르침인 법화경을 듣기 위해서 법석(法席)에 모인 대중들의 정신적 수준은 경전에서 밝힌 대로 "더 이상의 번뇌가 없고 모든 존재의 속박도 없어서 마음이 자유로워진 사람들이다."라고 하였습니다. 이 얼마나 속이 후련한 대중들입니까. 그러나 보통 사람들이란 라즈니쉬가 말한 것처럼 끈으로 묶이고 구속된 것이 이미 제2의 본성이 되어 끈으로 묶였다는 사실마저 의식하지 못하고 그 굴레 속에서 살아갑니다.

혹시 그 굴레 속에서 벗어나기라도 하면 자기 자신의 존재를 잘라내는 듯한 느낌을 받습니다. 좀 더 다른 차원에서 인간의 삶을 바라볼 때 참으로 한심하기 이를 데 없습니다. 사람이 본래로 부처님이라는 사실은 어디에도 구속되지 않은 대 자유를 누리는 일이며 그것이 인간의 본 모습입니다.

황금빛 찬란한 서광

경문 그 때 부처님께서는 미간의 백호상(白毫相)으로부터 커다란 광명을 놓아 온 세상을 두루 비추었습니다. 지옥과 천상의 모든 광경들과 이 세상의 일체 삼라만상들과 세상에서 일어나는 모든 일들이 빠짐없이 다 보였습니다. 그 때 미륵보살은 대중들과 함께 이 일에 대하여 크게 궁금해 한 나머지 그 뜻을 알고자 문수보살에게 물었습니다.

강의 미간의 백호상이란 부처님의 서른 두 가지 남다른 거룩한 상호 가운데 하나입니다. 성인(聖人) 중의 성인이신 부처님은 만덕(萬德)과 지혜를 다 갖추셨고 그것을 외모로써 나타내었습니다. 백호상은 그 중에서도 수많은 생을 쌓아오신 공덕을 뜻합니다. 그래서 "백호상의 한 가지 공덕만으로도 제자들은 다 수용할 수 없다. 그러므로 수행자는 의식주를 위해서 달리 걱정할 필요가 없다."라고 하였습니다.

그와 같은 백호상으로부터 금빛 찬란한 광명을 놓았습니다. 광명이란 깨달음의 지혜(智慧)를 상징하는 것으로서 광명이라 하더라도 오랜 장마 뒤에 두꺼운 구름을 뚫고 쏟아내는 눈부신 햇빛 같은 그런 빛은 아닙니다. 경전을 읽을 때는 경문이 갖는 그 상징성에 주의를 기울여 이해해야 합니다. 늘 설명하는 내용이지만 그와 같은 사실은 없어도 경을 편집하는 사람이 체험한 마음에는 진실이기 때문입니다. 깨달은 사람이 표현하고 싶은 뜻은 오히려 그것으로도 부족할 것입니다.

불교의 모든 경전, 특히 법화경은 그 뛰어난 상징성을 높이 평가하는 경전입니다. 땅이 갈라지고 무수한 사람들이 그 갈라진 사이로 올라온다는 등의 이야기를 사실인가 아닌가 하는 의문을 가지고 경전을 읽는다면 경전의 참뜻을 이해할 수 없습니다. 법화경의 어려운 점은 바로 이러한 조금은 비밀스러우면서 요긴한[秘要] 상징적인 내용들이 많이 있기 때문이라 하겠습니다.

경문에서 광명으로 표현되고 있는 그 지혜는 불교의 자비를 위시한 수많은 덕목보다 우선합니다. 자비도 깨달음의 지혜가 있은 뒤라야 자비다운 자비를 베풀 수가 있습니다. 지혜가 없는 자비는 인간의 평범한 정과 애착일 뿐이기 때문입니다.

　지혜의 광명, 그것은 불교의 결론입니다. 삼학(三學)의 끝이 지혜요, 육(六)바라밀의 끝이 또한 지혜요, 십(十)바라밀의 끝도 역시 지혜입니다. 불교에서 갖추어야 할 모든 덕목의 결론이 지혜입니다. 그래서 법당에는 전깃불이 밝게 켜져 있어도 깨달음의 지혜를 상징하는 촛불을 밝혀야 하고 인등을 밝힙니다. 부처님 오신날 그 의미를 되새기는 뜻에서 형형색색 수많은 등불을 켭니다. 지혜의 상징인 등불을 밝힘으로써 부처님이 이 세상에 오신 뜻이 되살아난다고 생각하기 때문입니다.

　길을 가는데 빛이 없다면 어떤 일이 일어나겠습니까? 벽에 부딪히고 돌부리에 채이면서, 때로는 낭떠러지에 떨어지기도 하여 상처투성이가 될 것은 뻔한 사실입니다. 인생의 길을 가는 데도 역시 지혜가 없다면 분노와 회한과 상처만이 남을 것입니다. 사람이 살아가는 데 있어서 지혜보다 우선하는 것은 없습니다. 그러므로 깨달음의 지혜는 인생의 실상을 밝히는 불교의 모든 것이라 해도 지나친 말이 아닙니다. 경전에서 광명을 그토록 드러내고 광명 속에서 모든 세상이 다 나타났다고 아래에 자세히 소개하는 이유가 여기에 있습니다.

지혜의 광명으로 세상을 보니 세상의 사람들과 뭇 생명들, 그리고 세상에서 일어나는 모든 일들이 그토록 아름답고 찬란합니다. 무어라 표현할 길이 없어 지극히 즐거운 세상, 극락세계라 하였습니다. 청정하고 아름다운 국토, 정토라 하였습니다. 꽃으로 화려하고 눈부시게 장엄되어 있는 화장세계라 하였습니다. 그 국토는 빛나는 다이아몬드로 이루어져 있고 나무나 풀들도 모두가 금은보화 등 칠보로 되어 있다고 하였습니다. 그 곳에 사는 모든 존재 모든 생명들은 모두가 그대로 부처님이라고 하였습니다. 그러므로 우리는 모든 생명 모든 사람들을 부처님으로 받들어 섬기며 살아야 한다고 하였습니다. 이 땅 이 국토를 훼손하지 말고 부처님으로 받들어 섬기며 살라고 하였습니다. 그래야 행복하다고, 행복의 길은 이 외길뿐이라고 하였습니다.

부처님은 오직 깨달음의 지혜 광명

지혜의 광명과 부처님의 이름을 연관시켜서 잠깐 생각해 보고자 합니다. 어떤 의미에서 부처님이란 지혜가 전부라는 뜻도 있습니다.

법화경에 등장하는 일월등명불(日月燈明佛)이라는 이름의 부처님은 '지혜의 광명만이 부처님의 모든 것이다'라는 의미로 생각할 수도 있습니다. 태양의 빛이나 달의 빛이나 등불의 빛이나 모두가 깨달음의 지혜를 뜻하는 광명이기 때문입니다. 경전에는 2만 명이나 되는 일월등명불이 있었다고 하면서 "전불후불개동일호(前佛後佛皆同一號), 즉 부처님이란 과거 부처님이나 현재 부처님이나 미래 부처님이나 모두가 한결같은 지혜의 광명일 뿐이다."라고 하였습니다.

깨달음의 지혜가 부처님의 모든 것이라고도 이해할 수가 있습니다. 극락세계를 있게 한 한량없는 광명의 아미타불이 그렇고, '지혜의 광명이 두루 비친다'는 광명변조(光明偏照)의 청정법신 비로자나불이 그렇고, 석가의 과거 스승인 '지혜의 등불을 밝히다'라는 연등불(燃燈佛)이 그렇습니다. 이렇듯 부처님이란 깨달은 사람이라는 말이듯 깨달음의 지혜가 전부입니다. 무엇을 깨달아 안다는 것이겠습니까. 사람 사람들이 본래로 완전무결한 부처님이라는 사실을 깨달아 아는 것입니다. 사람이 부처님이라는 사실을 깨달아 아는 것이 곧 부처님의 지혜며 그 지혜를 빛으로 표현하여 부처님의 명호(名號)를 만든 것입니다.

금강경에, "우리들의 마음이 어떤 고정된 사실이나 가치기준[法]에 머물러서 보시를 행하는 것은 마치 어떤 사람이 깜깜한 어둠 속에서 아무 것도 보지 못하는 것과 같다. 그러나 우리들의 마음이 어떤 고정된 사실이나 가치 기준에 머물지 않고 보시를 행하는 것은 마치 어떤 사람이 밝은 눈도 있고 태양도 밝게 비쳐서 온갖 사물들을 환하게 분별할 수 있는 것과 같다."라고 하였습니다.

세상에 빛이 있고 없음의 차이를 명료하게 말씀하셨으며, 따라서 우리들 인생에 있어서도, 사람이 살아가는 일에 있어서도, 진정한 지혜가 있고 없음의 다른 점을 잘 설명한 경문입니다. 실로 빛이 없다면 무엇 하나 제대로 할 수 있는 일이 있겠습니까. 빛이 있고서야 세상의 모든 일들을 행사할 수 있습니다. 사람이 살아가는 데도 지혜가 없으면 어둠 속을 헤매는 것과 같습니다. 지혜의 빛이 있으면 밝은 거리를 마음껏 활보하는 것과 같습니다. 그러므로 지혜의 빛은 아무리 강조해도 지나치지 않습니다.

큰 의심, 큰 깨달음

선문(禪門)에서는 "큰 의심이 있고서야 큰 깨달음이 있다(大疑之下 必有大悟)."라고 하여 어떤 문제에 대해서 의문을 갖는 것을 큰 미덕으로 생각합니다. 미륵보살은 부처님이 광명을 놓고 그 광명 속에서 세상의 모든 것이 다 비쳐지는 광경을 보고 크게 의심한 나머지 역시 대 지혜의 보살인 문수보살에게 그 연유를 묻습니다. 선생님의 말씀을 잘 듣는 것에 앞서 의문스런 점에 대하여 열심히 묻는 것이 공부를 가장 잘하는 방법이라는 사실을 모두들 알고 있습니다. 그래서 유대인들은 아이들을 학교에 보내면서 당부하는 말이 "선생님에게 질문 많이 하여라."라는 말이랍니다. 강좌나 법문도 의문을 갖지 않은 청중들 앞에서는 제대로 되지 않는 경우가 많습니다. 그러나 의문을 많이 가지고 무엇인가 알고 싶어 하는 눈빛이 반짝이는 청중들 앞에서는 강의가 힘이 나고 저절로 잘 되어지는 경우를 흔히 경험합니다.

역사에 길이 남을 위대한 가르침이 펼쳐지려면 부처님과의 대화의 상대도 거기에 걸맞아야 하는 것은 당연합니다. 불교의 미래를 짊어진 희망의 상징인 미륵보살이 질문을 합니다. 부처님의 지혜를 대신할 수 있는 문수보살이 그에 답을 합니다. 깨달음의 세계를 논하고 더구나 부처님 스스로 그 동안 비장해 두었던 최후의 가르침이요, 최상의 가르침이라고 할 때 문수보살이 등장하는 것은 또한 필연입니다. 이 법화경의 권위와 그 비중을 청중들은 십분 짐작하여야 할 줄 압니다.

윤회와 과보
-빠짐없이 드러나는 세상사

경문 이에 미륵보살은 문수보살에게 물었습니다.

"문수보살님이시여! 부처님께서 광명을 놓으시고 천지는 진동하고 꽃비가 흩날리는 이런 신통을 보이시는 까닭은 무엇입니까?

전단 향기 실은 바람은 모든 이의 마음을 황홀하게 합니다. 부처님께서 비추시는 광명은 금빛처럼 찬란합니다. 온 세상과 세상에서 일어나는 일들이 눈앞에 있는 듯 환하게 다 보입니다. 육도(六道) 중생들이 생사에 윤회(輪廻)하고 선악의 업에 따라 과보(果報)를 받는 것도 모두 보입니다."

강의 경문에는 미륵보살이 문수보살에게 질문하는 내용은 매우 자세합니다. 부처님이 보여주신 서광과 세상에서 일어나는 여러 가지 일들이 많이 소개되고 있습니다. 그 중에서도 불자들이 갖가지 방법으로 수행하는 광경을 더욱 자세히 묘사하고 있습니다.

먼저 육도 중생들이 생사에 윤회하고 선악의 업에 따라 과보를 받는다 함은 불도를 수행하게 되는 이유를 밝히고 있습니다. 대개의 중생들의 삶이란 삶과 죽음의 일에 끌려 다니면서 혹은 선을 행하여 선한 과보를 받기도 하고 혹은 악을 행하여 악한 과보에 시달리면서 윤회하는 삶이 전부라고 할 수 있습니다.

윤회란 여기서 죽어 저기에 태어나는 일입니다. 즉 가난한 이가 죽은 뒤 부유한 집안에 태어납니다. 부유한 사람이 가난한 집안에 태어나기도 합니다. 우둔한 사람이 총명하게 태어나기도 하고 총명한 사람이 우둔하게 태어나기도 합니다. 귀한 사람이 천한 사람으로, 천한 사람이 귀한 사람으로 태어나기도 합니다. 때로는 사람이 동물로, 동물이 사람으로 태어나는 경우도 있습니다.

그러나 윤회를, 한 생을 마치고 다시 태어나는 일만을 뜻하지 않습니다. 한 생을 통해서, 또는 일년을 통해서, 한 달에도, 심지어 하루에도 우리는 수많은 윤회를 합니다. 하루 동안에도 어느 시간에는 동물과 같은 삶을 살기도 하고 어떤 때는 사람처럼, 신선처럼 살기도 합니다. 보살처럼 부처님처럼도 삽니다. 또 어떤 때는 귀하게, 어떤 때는 천하게도 삽니다. 부유하게도 가난하게도 삽니다. 이런 일이 하루에도 몇 번씩 반복하기도 합니다. 때로는 한 달에도 반복하고, 한 해에도 반복하고, 일생을 통해서 수십 번 수백 번을 거듭하기도 합니다. 죽은 뒤의 윤회보다 살아서의 윤회를 잘 이해해야 할 일입니다.

윤회를 반복하면서 그가 몸과 마음과 말로 하는 짓에 따라 갖가지의 과보를 받습니다. 그 과보를 받는 시간도 각양각색입니다. 오늘 지어서 오늘 받기도 합니다. 오늘 지어서 내일 받기도 합니다. 또는 먼 훗날 받기도 합니다. 심지어 몇 생을 지난 뒤에 받기도 합니다. 법구경에, "선한 자도 선의 열매가 익기 전에는 몹쓸 괴로움을 맛본다. 그러나 선행의 열매가 무르익으면 선한 자는 행복을 맛본다. 악한 자도 그 악의 열매가 익기 전에는 행복을 맛본다. 그러나 악행의 열매가 무르익으면 악한 자는 재앙을 맛본다."라는 유명한 말씀이 있습니다.

그러나 그것만으로는 고귀한 인간으로 태어난 보람이 없습니다. 사람의 몸을 받고 태어나기가 지극히 어려운데 천재일우의 기회를 그렇게 평범하고 누구나 다 사는 그러한 삶으로 끝낼 수는 없습니다. 그러므로 사람으로서 의미 있고 가치 있게 사는 길을 순서대로 아래에 열거하고 있습니다.

깨달음은 인간의 지상 목표

경문 "수많은 부처님들이 맑고 부드러운 음성으로 아름다운 가르침을 설하시는 그 소리 빠짐없이 듣습니다. 갖가지 인연과 수많은 비유로 바른 이치 설하시어 중생들을

깨우칩니다. 열반의 도리도 설하시고 연각(緣覺)의 도리
도 설하십니다."

강의 부처님 설법의 특징은 인연의 이야기가 많습니다. 눈
앞에 펼쳐진 모든 현상들은 인연의 법칙에 의하여 존재함
을 깨달으셨기에 자연히 인연의 이야기가 많습니다. 부처
님의 깨달음을 혹자는 인연, 즉 연기의 도리를 깨달았다
고도 합니다. "이것이 있으므로 저것이 있고, 저것이 있으
므로 이것이 있다."는 지극히 평범하면서도 너무도 당연
한 이치입니다.

그러므로 좋은 열매를 거두려면 좋은 씨앗을 심고 나쁜
열매를 거두려면 나쁜 씨앗을 심으면 됩니다. 가난하려면
분에 없는 남의 것을 탐하면 됩니다. 부유하려면 저축하
고 아끼고 만족할 줄 알아서 다른 사람에게 베풀 줄 아는
삶이 필요합니다. 건강하고 오래 살려면 남의 생명을 아
끼고 사랑하여 해치지 말고, 병고에 시달리거나 단명하려
면 남의 생명을 해치고 위협하여 빼앗는 일을 하면 됩니
다. 이와 같이 우리가 누리는 모든 현상은 원인과 조건과
결과의 관계 속에서 굴러가고 있습니다.

그리고 부처님은 절묘한 비유를 잘 사용하여 진리의 세
계로 이끌어 들입니다. 경전마다 비유가 많으나 이 법화

경에서 사용하고 있는 비유는 대단히 뛰어나서 감탄을 자아내게 합니다. 따로 비유품(譬喩品)이라는 품도 있습니다만 법화경에서 보여주고 있는 일곱 가지 비유는 불교의 요의(要義)를 모두 함축하고 있습니다. 부처님은 가끔 제자들에게 "지혜로운 사람은 비유로써 알아차린다."라고 하셨습니다.

설법은 언제나 사람의 근기에 맞춰서 설해집니다. 늙고 병들고 죽는 고통을 싫어하는 사람에게는 열반이라는 소극적이기는 하나 편안한 길을 안내합니다. 설법이 아무리 훌륭하더라도 듣는 사람의 수준에 맞지 않은 내용은 공연히 말만 잃어버릴 뿐 아무런 이익이 없습니다. 근기를 따라서 하는 설법, 병에 맞춰 약을 베풀다 등등의 말이 모두 사람의 수준을 맞춰서 알아듣고 이해하고 감동하도록 해야 한다는 뜻입니다. 소승 열반이 비록 최상의 부처님 법은 아니라 하더라도 그것이 필요한 사람에게는 그것을 이야기할 수밖에 없습니다. 아무에게나 무턱대고 최상승의 선문답으로 밀어붙이는 식의 설법은 아무 쓸 데가 없습니다. 누구의 표현처럼 마치 외계인이 와서 노는 것과 하나도 다를 바가 없는 유희일 뿐입니다.

일불승(一佛乘)

부처님은 때로는 살아가면서 스스로 겪는 온갖 경험들을 통해서 깨달음을 얻을 수 있는 연각의 길도 설하십니다. 사성제(四聖諦)나 십이인연(十二因緣)의 설이 그것입니다. 불교에는 그 가르침이 참으로 다양합니다. 흔히 표현하기를 8만 4천 근기에 따른 8만 4천 법문이라고 합니다. 불교의 경전을 8만 대장경이라고 말하는 이유도 바로 그래서입니다. 어찌 3승 교리뿐이겠습니까.

그러나 그 수많은 가르침도 결국은 깨달음이라고 하는 하나의 종점에 귀결됩니다. 어쩔 수 없어서 근기를 따라 각양 각색의 법을 펼쳐놓지만 사실인즉 모두가 부처님이라는 하나의 사실을 깨닫는 것이 그 종점입니다. 그리고 알고 보면 또 출발점이기도 합니다. 무수한 생을 거듭하면서 수행한다는 것은 부처님으로 출발하여 끝내 부처님으로 돌아오는 일입니다. 달리 다른 일은 없습니다. 처음도 부처님이요, 중간도 부처님이요, 끝도 부처님입니다. 오직 부처님만이 있을 뿐입니다. 그야말로 부처님 위에 부처님 없고 부처님 밑에 부처님 없습니다. 제바달다도 부처님이요, 석가모니도 부처님입니다. 이것을 법화경은 '유유일불승 무이역무삼(唯有一佛乘 無二亦無三)'이라 합니다. 법화경의 종지(宗旨)이며, 불교의 최고 종지입니다. 이 세상에는 오직 부처님만 있을 뿐 이승도 없고 삼승도 없고 팔만 사천이라는 각각의 다름도 없다는 뜻입니다. 그러므로 모든 사람들을 부처님으로 받들어 섬겨야 합니다.

빼앗거나 침범하거나 살상을 하거나 하는 일을 없애고 전쟁을 없애서, 전 인류를 행복하고 평화롭게 하는 길은 오직 이 한길뿐입니다. 다른 길은 없습니다. 인류는 행복을 위해, 평화를 위해 온갖 분야에서 각양각색의 노력을 쏟고 있으나 오직 이 한 길, 사람을 부처님으로 받들어 섬기는 길뿐입니다. '유유일불승 무이역무삼(唯有一佛乘 無二亦無三)'이라는 말이 이것을 의미하기도 합니다.

깨달음

경문에, 혹 어떤 이는 스스로 보시를 행하는데 금이나 은과 같은 진귀한 보물들을 기쁜 마음으로 남에게 주기도 하고, 수많은 재산과 심지어 자기의 육신과 가족들까지도 보시를 하여 깨달음의 길을 구합니다.

깨달음이 무엇이기에 불교에서는 그토록 깨달음을 강조하는 걸까요? 실은 불교라는 말 자체가 깨달음의 가르침, 깨달은 이의 가르침, 또는 깨달음에 의하여 깨닫게 하는 가르침이라는 뜻입니다. 불교는 실로 처음부터 끝까지 모두가 깨달음의 문제뿐입니다. 그러므로 불교를 공부하는 사람은 이 깨달음의 문제를 천형(天刑)처럼 여기고 자나깨나 이 화두(話頭)를 탐구해야 합니다. 그 외의 일은 아무리 좋은 일이라 하더라도 불교의 본령(本令)에서 벗어난 것입니다. 세존의 출가와 6년 고행이 그것을 위함이며, 달마의 9년 면벽(面壁)과 모든 조사들이 일체 인간적인 일들을 포기하고 피나는 수행을 하신 것도 그 깨달음을 위해서입니다. 앞을 못 보는 사람으로서 눈을 뜨는 일보다 시급하고 소중한 일은 없기 때문입니다.

자신이 부처님이면서 부처님이라는 사실을 모르는 일같이 어리석고 억울한 일은 없습니다. 큰 다이아몬드를 주머니에 넣고 다니면서 구걸행각을 한다면 그것보다 더 어처구니없는 일은 없을 것이기 때문입니다.

필자는 십대 후반부터 이십대, 삼십대, 사십대, 즉 30년의 세월에 이르도록 천수경(千手經)보다도 더 많이 읊조린 시가 한 수 있습니다. 모든 인간적인 것을 깡그리 버리고, 다시는 더 이상 인간이기를 포기해 버리고 오직 깨달음을 이뤄야겠다는 절박한 심정으로 가슴 깊이 다짐하고 또 다짐하면서 읊조리던 시입니다.

신라 말기의 최고운 선생의 입산시(入山詩)입니다. 고운 선생은 기울어 가는 신라 말기의 어지러운 세상을 비관하여 속진을 떨어버리려고 가야산으로 들어가던 중이었습니다. 홍류동이라는 곳을 지나다가 산에서 내려오는 스님들을 만나서 들어가는 자와 나오는 자의 상반된 입장에서의 느낌과 자신의 각오를 말한 것입니다.

승호막도청산호(僧乎莫道靑山好)
산호여하부출산(山好如何復出山)
시간타일오종적(試看他日吾蹤迹)
일입청산갱불환(一入靑山更不還)
중아, 청산이 좋다고 말하지 마라.
산이 좋은데 왜 다시 산에서 나오는가.
뒷날 나의 자취를 잘 지켜보시오.
나는 한번 청산에 들어가서 다시는 세속에 나오지 않으리라.

특히 일입청산갱불환(一入靑山更不還)이라는 끝 구절은 주문을 외듯이 무수히 외며 인생을 포기하기를 다짐하고 또 다짐하며 깨달음에 대한 열정으로 살았습니다. 실로 앞을 못 보는 사람으로서 앞을 보기 위해 눈을 뜨는 일보다 더 절박한 일은 없기 때문입니다.

경문에, "수많은 재산과 심지어 자기의 육신과 가족들까지도 보시를 하여 깨달음의 길을 구한다."라고 하였습니다. 목에다 줄을 걸어서 잠을 쫓기도 하고 송곳으로 허벅지를 찔러 졸음을 항복 받기도 하는 일은 정진하는 곳에서는 비일비재한 일입니다.

제2 방편품(方便品)

방편

강의 부처님이 깨달으신 모든 존재의 진실한 모습은 매우 깊고 한량이 없습니다. 학습주의 수행자인 성문이나 체험주의 수행자인 연각은 이해하기가 어렵습니다. 부처님과 부처님만이 모든 법의 진실을 안다고 하였습니다. 그러나 어리석은 중생들을 깨우치려면 거짓말이라도 해서 수준을 높인 뒤에 진실을 말할 수밖에 없습니다. 그래서 삼승(三乘)의 가르침을 방편이라고 합니다.

사람의 삶이 가지고 있는 무한한 가치, 즉 진정한 자유와 평화와 행복, 그리고 영원한 생명과 무한한 가능성들은 참으로 미묘 불가사의하고 그저 경이로울 뿐입니다. 인간이 여러 가지 방면으로 모든 노력을 다 기울여서 얻고자 하는 그 모든 것들이 사람의 삶 속에 이미 다 갖추어져 있다는 이 엄청난 사실을 부처님은 깨달았습니다. 이

것이 오직 하나뿐인 진실, 일불승(一佛乘)입니다. 대개의 사람들은 그것들을 밖을 향해서 찾고 있습니다. 자신의 삶 이외에 다른 것에 있다고 믿고 있습니다. 지금 바로 여기, 지극히 가까운 곳에 있습니다.

그럼에도 불구하고 거의 모든 이들이 자신이 아닌 다른 곳에 있다고 생각하고 부단히 찾아다닙니다. 부단히 찾아다니는 그 사람들을 위해서 하는 수 없이 방편으로 온갖 거짓말을 아니할 수 없었던 것입니다. 그것을 방편이라고 합니다.

어떤 이가 봄을 찾아서 다리가 아프도록 산과 들을 찾아다니다가 끝내 못 찾고 집에 돌아오니 울타리 가에 서 있는 매화나무 가지에 봄이 완연하더라는 이야기가 있습니다. 매화나무에서 알리고 있는 봄소식을 모르는 사람은 하는 수 없이 산으로 들로 찾아다니게 할 수밖에 없습니다.

대주(大珠) 스님이 마조(馬祖) 스님에게 도를 묻기 위해 찾아가서 주고 받은 대화가 매우 절묘합니다.

"어디서 왔는가?"

"월주 대운사에서 왔습니다."

"무슨 일을 위해서 여기에 왔는가?"

"부처님의 법을 구하려고 여기에 왔습니다."

"자신의 보물은 돌아보지도 않고 집을 버리고 부질없이

왜 그렇게 쫓아다니는가〔自家寶藏不顧 棄家散走作甚〕. 여기에는 아무 것도 없는데 무슨 부처님의 법을 구한단 말인가?"

"그럼 무엇이 저 자신의 보물입니까?"

"지금 나에게 묻는 그 사람이 그대의 보물이다. 거기에는 모든 것이 갖춰져 있다. 아무 것도 부족한 것은 없다. 그대가 마음대로 쓰고 있는데 왜 밖을 향해서 찾는가?"

대주 스님은 이 대목에서 크게 깨닫고 뛸 듯이 기뻐하였습니다. 그렇습니다. 진리〔佛法〕를 찾아서 아무리 중국을 가고 인도를 가도 거기에는 역시 진리는 없습니다. 찾고자 하는 그 자신에게 있습니다. 바로 지금 여기에 있습니다.

최상의 진리는 함부로 말하지 않는다

경문 그 때 세존께서 삼매에서 조용히 일어나서 사리불에게 말씀하셨습니다.

"모든 부처님의 지혜는 매우 깊고 한량이 없느니라. 이해하기도 어렵고 들어가기도 어려워서 성문이나 벽지불들은 이해하지 못하느니라. 왜냐하면, 부처님은 또 다른 수많은 부처님들을 가까이하여 한량없는 가르침을 배우고 용맹 정진하였기 때문이니라. 이름은 널리 퍼지고 미

증유의 깊은 법을 성취하여 사람들의 근기에 따라 법을
설하시므로 그 뜻을 이해하기 매우 어려우니라."

강의 서품에서는 미륵보살이 질문한 것을 문수보살이 과
거 일월등명(日月燈明) 부처님의 옛 상서를 기억하여 오늘
도 반드시 아름다운 진리의 가르침, 법화경의 설법이 있
으리라고 알려주는 것으로 끝을 맺습니다.

일월등명이라는 부처님의 명호는 지혜의 빛에 의한 밝
은 마음과 밝은 사고를 뜻합니다. 한낮의 태양과 같은 밝
음, 밤하늘의 달과 같은 밝음, 어두운 밤길의 등불과 같이
길을 비추는 밝음으로 깨달음의 지혜를 상징합니다. 부처
님이란 오로지 깨달음의 빛일 뿐입니다. 그래서 경문에서
는 "앞의 부처님이나 뒤의 부처님이나 모두 같은 하나의
이름이다." 즉 깨달음의 지혜에 의한 밝음 그 자체일 뿐이
라고 하였습니다. 그 지혜의 빛으로 무엇을 보는가. 사람
사람이 모두 부처님이라는 사실을 밝게 비춰보는 것입니
다. 사람의 진정한 가치, 곧 부처님으로서의 가치를 밝게
아는 것입니다.

비로소 부처님은 삼매에서 일어나셨습니다. 그리고는
부처님들이 깨달으신 지혜는 끝없는 정진과 수행을 통하
여 얻은 것이므로 매우 깊어서 성문이나 벽지불로서는 이

해하기 어렵다고 하십니다. 무려 세 번이나 부처님의 깨달음을 높이 찬탄만 하시고 설하시기를 거절하십니다. 역시 세 번이나 어렵다고만 말씀하십니다. 사리불은 역시 설법하여 주시기를 세 번이나 간청합니다. 이 대목을 법화경은 그 유명한 삼지삼청(三止三請)이라고 합니다. 세 번 거절하시고 세 번 청한다는 뜻입니다.

그러자 5천 명이나 되는 제자들이 자리를 털고 일어나는 미증유의 사태가 벌어집니다. 경전에서는 그들을 거만한 사람, 교만과 아만이 많은 사람들이라고 합니다. 아직 얻지 못했으면서 얻었다고 생각하고, 깨닫지 못했으면서 깨달았다고 생각하는 사람들입니다.

부처님은 굳이 말리지도 않으시면서 곧 "이제 이 대중 가운데는 가지나 잎은 없고 오직 열매만 남았구나. 잘난 체하는 마음이 가득한 이들은 물러가도 좋다. 이제는 그대들을 위하여 참으로 소중한 법을 설해 주리라."라고 하셨습니다. "사람이 부처님이다."라는 이 전무후무한 위대한 말씀은 이렇게 또 전무후무한 우여곡절 끝에 탄생하게 된 것입니다.

진리의 가르침은 들을 만한 사람이 있는데도 설하지 않으면 소중한 사람을 잃어버립니다. 그러나 이해하지 못할 사람에게 말을 하면 진리의 가르침을 잃어버립니다. 부처님은 지혜로우신 분인지라 걸러낼 사람들은 모두 걸러낸 뒤에 비장하여 두었던 최상이며 최후의 진리의 말씀을 설하시게 됩니다. 이해하지 못할 말을 듣고 비난만 하게 되면 죄를 짓는 결과를 부르게 되기 때문입니다.

부처님의 가르침 중에는 윤리나 도덕에 관한 말씀도 많습니다. 인과(因果)의 이치나 사성제(四聖諦), 십이인연(十二因緣), 팔정도(八正道), 육바라밀(六波羅蜜) 같은 어디서나 들을 수 있는 가르침도 많습니다.

그러나 여기 법화경의 가르침은 그와 달라서 사성제나 십이인연, 팔정도를 공부하는 성문이나 연각들은 이해하지 못하리라고 잘라 말씀하십니다. 언제나 눈에 보이는 외형에만 길들여져서 보이지 않는 자기 자신에게는 전혀 이해가 없는 사람들에게 자기 자신이 무진장의 보고(寶庫)며, 모든 바라는 바가 다 갖추어져 있다는 것을 설명하려 하니 그 어려움이 많았을 것입니다.

"그대 자신이 부처님이다. 부처님이 수많은 겁 동안 수행하여 이뤄놓은 지혜와 자비와 열반과 해탈 등 특별하고 남다른 온갖 능력들이 모두 그대들 자신에게 고스란히 있노라. 불생불멸의 영원한 생명까지도."

일대사인연(一大事因緣)

경문 부처님께서 사리불에게 이르셨습니다.

"이 미묘한 법은 모든 부처님께서 때가 되어야 설하시나니, 마치 우담발화가 때가 되어야 한 번 피는 것과 같으니라. 사리불이여, 너희는 마땅히 믿을지니, 부처님의 말씀에는 허망함이 없느니라. 내가 수없는 방편과 갖가지 인연과 비유와 말로써 온갖 법을 설하지만, 이 법은 사량 분별로 이해할 바가 아니니라. 오직 모든 부처님만이 아실 수 있기 때문이니라.

사리불이여, 모든 부처님은 오직 일대사인연(一大事因緣)으로 이 세상에 출현하였느니라. 사리불이여, 무엇을 모든 부처님께서 오직 일대사인연으로 이 세상에 출현하신다고 하는가? 그 일대사인연이란 중생들에게 부처님이 깨달으신 지혜를 열어서[開] 그 마음이 툭 트이도록 하기 위해서 세상에 출현하였느니라. 중생들에게 부처님이 깨달으신 지혜를 보여주기[示] 위해서 세상에 출현하였느니라. 중생들에게 부처님이 깨달으신 지혜를 경험하고 확인하고, 깨닫고[悟] 성취하게[入] 하려고 이 세상에 출현하였느니라."

강의 경문의 이 대목은 '개시오입 불지지견(開示悟入 佛之

知見)'이라고 하여 법화경에서 대단히 중요시하는 구절입니다. '부처님이 세상에 출현하신 까닭은 무엇인가? 그리고 깨달음을 얻었다고 하는데 무엇을 깨달았다는 말인가? 그리고 불교는 세상에서 무엇을 하는가?'라는 질문에 답하는 부처님과 불교의 존재목적을 밝힌 구절이라고도 할 수 있습니다. 경에서 일대사인연, 즉 오직 하나뿐인 가장 큰 일 때문이라고 밝힌 것이 그것입니다.

부처님이 깨달으신 지혜란 무엇인가? 사람이 영원한 생명과 무한한 능력을 가진 부처님이라는 사실을 철저히 아는 것입니다. 부처님이 이 세상에 출현하신 뜻이 무엇인가? 그것 역시 사람이 부처님이라는 사실을 알리기 위해서입니다. 그 외에는 아무런 의미가 없습니다. 그것을 경전은 "오직 일불승(一佛乘)이 있을 뿐이고, 이승(二乘)도 삼승(三乘)도 없다."라고 하였습니다.

이러한 이치를 미묘한 법(妙法)이라고 합니다. 이러한 미묘한 법은 모든 깨달으신 분들이 말씀하실 때가 되어야 말씀을 하시지 아무 때나 말하시지는 않는다고 합니다. 비유하자면 마치 우담발화라는 3천 년 만에 한 번 핀다는 희귀한 꽃이 핀 것과 같은 일이라고 합니다. 한 때 우리나라에서 여기 저기 피었다는 그런 꽃은 아닙니다. 눈에도 잘 보이지 않는 그런 꽃과는 다릅니다. 꽃의 크기도 한 아름이나 되기 때문에 돋보기로 볼 필요가 없습니다. 그리고 여기 저기서 피는 꽃이 아닙니다. 오직 한 곳에서 단한 번만 핍니다.

경문에서 "내가 수없는 방편과 갖가지 인연과 비유와 말로써 온갖 법을 설하지만, 이 법은 사량분별로 이해할 바가 아니니라. 오직 모든 부처님만이 아실 수 있기 때문이니라."라고 하였습니다. 이리 저리 궁리하고 따져서 이해할 법이 아닙니다. 미묘한 법, 사람이 오직 부처님이라는 이 위대한 이치는 그 말을 듣는 즉시 계합이 되어야 하기에 오직 깨달음을 이루신 부처님들만 아실 수 있다고 하였습니다. 부처님이 이 세상에 오심은 오직 이 이치를 사람들에게 열어주고, 보여주고, 깨닫게 해주고, 이 도리 안에 들어가게 해주려고 오신 것입니다.

불교가 세상에 존재하는 존재목적도 또한 모든 사람들에게 사람이 부처님이라는 이 이치를 열어주고, 보여주고, 깨닫게 해주고, 이 도리 안에 들어가게 해주려는 것입니다. 그 외에도 불교라는 이름을 빌어 수많은 가르침과 일들이 있지만 궁극에는 사람이 부처님이라는 사실을 아는 데 그 목적이 있습니다. 이것만이 부처님의 지견(知見)이요, 부처님이 깨달으신 지혜입니다.

달마가 서쪽에서 오신 뜻이 무엇이겠습니까? 그 역시

사람이 그대로 부처님이요, 더 이상의 수행이 필요치 않다는 사실을 알리기 위함입니다〔達摩從西天來 唯傳一心法 直指一切衆生本來是佛 不假修行 - 황벽 완릉록〕. 달마 대사가 그 어려운 뱃길을 일엽편주에 몸을 싣고 숱한 고생을 겪으면서 동토에 오신 이유가 곧 그것입니다. 양나라 무제라는 임금을 만나 말이 통하지 않자 소림굴에 들어가서 9년을 면벽하면서 때를 기다린 것입니다. 양나라 무제라는 임금은 신심이 깊어서 수많은 절을 지어서 불교에 바쳤으나 불교의 진정한 의미를 몰랐던 것입니다. 달마는 때가 되어서 혜가(慧可)라는 큰 인물을 만나 비로소 인불사상을 전파할 수 있었던 것입니다. 그리고 후대의 황벽(黃蘗) 선사는 완릉록에서 그의 뜻을 명확하게 밝힌 것입니다.

실로 사람은 완전무결한 존재입니다. 어느 특정인만 그러한 것이 아니고 모든 사람들이 다 그렇습니다. 화엄경에서는 "일체중생이 모두 여래의 지혜를 갖추고 있다. 마음과 부처와 중생 이 셋은 같은 것이다."라고 하였습니다. 육조 혜능 스님도 지혜의 눈을 뜨고 보니 "자기 자신이 본래로 훌륭하고 뛰어난 존재이며, 본래로 영원한 불생불멸의 생명이며, 복덕과 지혜를 다 갖추고 있으며, 일체 만법을 자신이 다 만들어 낸다는 사실을 알게 되었다."고 술회하셨습니다. 이 문제야말로 가장 크고도 중요한 일, 즉 일대사인연이며 곧 사람이 완전무결한 부처님이라는 사실을 밝힌 것입니다.

모두들 이미 다 성불하였다

경문 "만약 어떤 중생이 과거의 여러 부처님을 만나 법문을 듣고 보시하거나 계행을 지키고, 인욕·정진·선정·지혜 등 갖가지로 복을 닦았다면 이와 같은 사람들은 모두 이미 성불하였느니라.

모든 부처님께서 열반하신 후, 사람이 착하고 부드러운 마음을 가졌다면, 이 같은 중생들은 다 이미 불도를 이룩하였느니라. 부처님께서 열반하신 후 벽돌이나 흙으로 불탑(佛塔)을 세우거나, 어린아이들이 장난으로 모래를 모아놓고 불탑이라 하더라도 그들도 이미 다 성불했느니라〔皆已成佛道〕. 나무나 흙으로 불상을 만들거나 그림으로 그리거나, 아이들이 초목이나 붓이나 심지어 손톱으로 불상을 그리더라도 그들도 이미 다 성불했느니라.

말 한마디로써 부처님을 찬탄하거나 염불 한마디나 산란한 마음으로 꽃 한 송이 공양하거나, 불전에 예배하고 합장하거나 손을 한번 들거나 머리만 약간 숙여도 그들도 이미 다 성불하였느니라."

71

강의 부처님은 이 세상을 바꾸어 극락정토(淨土)를 만들려고 오신 것이 아닙니다. 이미 이 세상 그대로가 정토라는 사실을 알리려고 오신 것입니다. 모든 중생들을 제도하시려고 오신 것이 아닙니다. 모든 중생들이 이미 제도되어 있는 완전무결한 부처님이라는 사실을 가르쳐 주려고 오신 것입니다.

불교는 다른 종교와는 달리 가난하고 병든 자, 짓눌리고 억압받는 자들을 구원하려는 것이 아닙니다. 부유하든 가난하든, 건강하든 병들었든 관계없이 자신이 영원한 생명이며 무한한 능력의 소유자라는 사실을 모르는 어리석은 이들의 마음을 깨우치기 위한 것입니다.

경문에서는 부처님이 되는데 간단한 조건을 말한 것 같으나, 실은 조건이 없습니다. 그런 조건들이 무슨 의미가 있겠습니까. "말 한마디로써 부처님을 찬탄하거나 염불 한마디나 산란한 마음으로 꽃 한 송이 공양하거나, 불전에 예배하고 합장하거나 손을 한번 들거나 머리만 약간 숙여도 그들도 이미 다 성불하였노라."라고 하였습니다. 이와 같은 조건은 실은 조건이 아닙니다. 그냥 그대로 모두가 부처님이라는 뜻입니다. 심지어 악행을 하는 사람도 부처님이라고 합니다. 그 예로서 뒤에 나오는 제바달다품에서는 천하에 잔인무도하기 이를 데 없는 제바달다도 부처님이요, 부처님의 스승이라고 하였습니다. 당연한 말씀입니다. 법화경이 부처님의 진실을 말하는 경전이라면 당연히 그렇게 보아야 합니다.

부처님 앞에 머리 한번 숙이고 합장 한번 하는 일이 무슨 큰 공덕이 되겠습니까? 사람들이 본래로 부처님이라는 사실을 일깨우고자 하신 말씀입니다. 법성게(法性偈)에도 "사람은 예로부터 본래로 변함 없는 부처님〔舊來不動名爲佛〕이다."라고 하였습니다. 진리를 바르게 깨달은 분의 가르침과 그렇지 못한 사람의 가르침을 혼동해서 "성인의 말씀은 모두가 다 같다."라는 어처구니없는 착각을 해서는 안 될 줄 압니다. 무상심심미묘법(無上甚深微妙法)이란 바로 이런 점이 다릅니다.

진실한 가르침은 어렵지 않다

방편품의 취지는 진실한 가르침을 드러내어 진실과 방편의 다른 점은 무엇인가를 잘 이해하도록 합니다. 진실한 가르침은 쉽고 방편의 가르침은 어렵습니다. 대개의 사람들은 수많은 세월 동안 수행을 쌓아야 성불에 이른다는 방편의 어려운 가르침은 잘 수긍하면서 사람이 그대로 부처님이라는 진실하고도 쉬운 가르침은 오히려 이해를 못합니다. 부처님이 성도(成道)하시고 나서 이 세상이 그

73

대로 진리의 세계(法界)라고 선언하신 화엄경의 내용을 알아듣는 이가 없어서 하는 수 없이 『아함경』이라는 방편의 말씀을 하신 것입니다. 요즘 일반의 법회에서도 "그대들이 온갖 감정과 모순과 번뇌망상을 지닌 채 그대로 부처님"이라고 하면 대다수의 사람들은 의아해 합니다. 너무도 쉽고 진실한 가르침인데도 그 말씀을 받아들일 만한 순수한 마음이 없어서입니다. 법화경의 정수라고 할 만한 참으로 쉽고도 진실한 말씀이 너무도 아까워서 다시 한번 소개하고 음미하여 봅니다. 인불사상의 핵심이며, 가장 평이하게 표현하였다고 할 수 있습니다.

경문 "사리불이여, 그대들은 내 말을 일심으로 믿고 이해하여 받아 지니도록 하라. 모든 부처님의 말씀은 거짓이 없고 진실하니라. 이승(二乘)이나 삼승(三乘)은 없고 오직 일불승(一佛乘) 즉 부처님만 있느니라. 과거의 사람들은 과거의 부처님을 만나 설법을 듣거나 보시를 행하며 계를 가지고 인욕을 하며 정진 · 선정 · 지혜 등으로 온갖 복과 지혜를 닦은 이들이 모두 이미 성불하였느니라. 부처님이 열반에 드신 후 무수한 탑을 세워 훌륭하게 꾸미고 부처님의 사리에 공양한 사람들은 모두 이미 성불하였느니라. 어린아이의 장난으로 모래를 쌓아놓고 불탑이라고 하는 이들도 다 이미 성불하였느니라. 또 부처님을 위하여 여러 가지 형상과 조각으로 갖가지 불상을 만든 이들도 다 이미 성불하였고, 어린아이의 장난으로 풀이나 나무나 붓이나 손톱으로 불상을 그린 사람들도 다 이미 성불하였느니라. 부처님의 탑이나 불상이나 탱화에 꽃이나 향 등 온갖 공양거리로 공양을 올린 이들도 이미 다 성불하였느니라.

기쁜 마음으로 부처님의 덕을 찬탄하는 노래를 부르거나, 설사 산란한 마음으로 꽃 한 송이 부처님께 공양한 사람들, 부처님께 예배하거나 단지 합장만 하여도 모두 이미 성불하였느니라. 손을 한번 들거나 머리를 약간만 숙여 불상에 공양한 이들도 차츰 수많은 부처님을 만나 무상도(無上道)를 이루어 한량없는 중생들을 제도한 뒤에 무여열반에 들었느니라. 산란한 마음으로 탑전(塔前)에 들어가서 '나무불'이라고 한 번만 외워도 이미 다 성불하였느니라."

강의 성불하는 일이 이렇게 쉽습니다. 다시 한번 거듭 말씀드리지만, 경문의 가르침도 실은 표현을 하자니 그런 일을 인연으로 하여 성불하였다고 할 뿐입니다. 설사 그런 일을 한 적이 전혀 없어도 이미 모두들 성불한 것입니다. 불교가 무엇인지, 부처님이 무엇인지 모르는 사람까지도 이미 완전한 부처님이라는 사실입니다.

산란심, 망상심으로 꽃 한 송이 바친 것이 무슨 공덕이 있어서 그것으로 성불을 말하겠습니까. 망상이 부글부글 끓는 마음으로 "부처님"이라고 한 번 부른 것이 무슨 힘이 되기에 그것으로 성불을 말하겠습니까. 전혀 그런 일이 없어도 이미 우리는 부처님입니다. 모든 생명 모든 사람들은 모두가 빠짐없이 부처님입니다. 아래에 수많은 수기를 주지만 그 곳에서 구체적인 부처로서의 이름이나 국토나 법이 유지되는 햇수 같은 것을 말하지만 그것은 모두가 형식인 것입니다.

그러나 다만 사람들이 확신을 갖지 못할 뿐입니다. 부처님의 지혜란 다름 아닌 자신이 조금도 부족한 것이 없는 부처님이라는 사실을 아는 일입니다. 영원한 생명의 존재요, 무한한 능력을 소유한 존재요, 만행(萬行) 만덕(萬德)을 다 갖춘 실로 위대한 존재입니다. 다만 스스로 갖추고 있으나 무엇이 영원한 생명이며, 무엇이 무한한 능력이며, 무엇이 만행 만덕인지를 모르고 있을 뿐입니다. 매일 매순간 쓰고 있으면서도 모르고 있습니다. 이렇게 글을 읽고 말소리를 듣는 이 사실이 곧 부처님으로서의 능력입니다. 책을 읽고 말을 듣는 그것을 잘 인식하십시오.

매일 밤마다 부처님과 함께 자고 매일 아침마다 부처님과 함께 일어나면서도, 아니 자신이 부처님으로 잠을 자고 부처님으로 일어나면서도 그것을 모르고 있습니다. 법화경은 그것을 깨우쳐 주는 가르침입니다. 그 가르침이 위에 소개한 경문입니다. 이보다 더 쉽고 진실한 가르침은 일찍이 없었습니다. 그러므로 부처님은 오래도록 비장해 두었던 최후의 가르침이라고 하셨습니다. 아무에게나 말할 수 없는 가르침이라고 하셨습니다. 경문의 말씀이 이러한 내용이라는 것을 이렇게 완전히 드러내어 설명하는 것도 아마 처음 있는 일이 아닌가 합니다. 법화경의 진실이 이제야 밝혀졌습니다.

망상이 있어서 부처님이 아니라는 말을 많이들 합니다. 번뇌가 많아서 부처님이 못 된다는 말을 많이들 합니다. 방편으로 설한 경전에는 그와 같은 가르침도 많습니다. 몸에는 온갖 병고를 가지고 있고, 마음에는 숱한 번뇌가 끓어도 그 번뇌 있는 그대로 부처님이라는 사실을 알아야 합니다. 병고를 앓느라고 밤낮 없이 신음하고 고통스러워하더라도 그 고통스러워하는 그 자체가 부처님의 신통이라는 사실을 알아야 합니다. 번뇌하는 부처님이요, 신음하고 아파하는 부처님입니다. 번뇌 없는 부처님은 없습니다. 신음하지 않고 고통 없는 부처님은 없습니다. 산란한 마음, 망상하는 마음으로 "부처님" 하는 그 사람이 곧 부처님이라고 법화경은 밝히고 있습니다. 이보다 더 명확한 가르침은 없습니다. 그러므로 법화경은 최후의 가르침이요, 더 이상은 없는 가르침이라고 합니다. 참으로 아무에게나 말할 수 없는 가르침입니다. 부처님께서 비장해 두었던 소중한 가르침입니다.

그러므로 모든 사람들은 전부가 부처님입니다. 부처님으로 받들어 섬깁시다. 부처님으로 받들어 섬기면 그도 행복하고 나도 행복하고 온 세상이 다 행복합니다. 나를 미워해서 나를 때리고 나를 욕하고 나를 음해하고 숱한 비방의 화살을 퍼부어 대는 사람, 그를 부처님으로 받들지 않는다면 그 아픔을, 그 분노를 어떻게 견딜 수 있겠습니까. 달리 다른 길은 없습니다. 원한을 원한으로 갚으려 한다면 원한은 끝날 날이 없습니다. 그들을 부처님으로 받들어 섬기는 길밖에 달리 해결의 길은 없습니다. 그들은 실로 부처님이십니다. 테러를 응징하지 마십시오. 테러를 응징한다고 전쟁을 일으켜서 죄도 없는 무수한 사람들을 살상하는 일은 더 무서운 테러입니다.

다시 한번 제바달다에 대한 이야기입니다만, 부처님과 모든 불교도의 만고의 원수인 제바달다를 세존은 스승으로 받들어 섬겼습니다. 옛날 세속에서의 태자시절부터 부처님께서 출가하여 깨달음을 이루고 교단을 세우고 크게 교화활동을 펴는 동안에도 제바달다가 죽을 때까지 얼마나 오랜 세월 동안 부처님을 괴롭혔습니까. 수많은 제자들과 교단을 괴롭혔습니까. 그런 제바달다를 부처님은 스승으로 불렀습니다. 부처님으로 수기하셨습니다. 그를 스승으로 부르기까지 세존은 얼마나 힘들었고 괴로웠겠습니까. 그와 같은 만고의 원결(怨結)을 세존은 그렇게 풀었습니다. 내가 부처가 된 것도 모두 그의 덕택이라고 법화경은 말합니다. 참으로 눈물겹고 가슴 저미는 절규입니다.

세존은 그를 진정으로 부처님으로 보았기 때문입니다. 단순히 원결을 풀기 위해 그를 부처님으로 본 것이 아닙니다. 원한을 없애자고 스승으로 섬긴 것이 아닙니다. 세존은 그를 진정으로 스승으로 섬긴 것입니다. 모든 사람들이 진정 부처님이기에 부처님으로 수기하신 것입니다.

제3 비유품 (譬喩品)

비유(譬喩)

강의 부처님 설법의 특징 중의 하나는 어떤 이치를 설명하시면 적절한 비유를 사용하여 그 이치를 더욱 깊고 넓게 이해시키고 있다는 점입니다. 특히 법화경에서는 일곱 가지 비유, 또는 아홉 가지 비유라 하여 여러 품에서 소개되고 있습니다. 본 비유품에서는 우리가 사는 이 현실을 너무나 사실적으로 묘사하여 사람들의 무디어진 마음에 경종을 울립니다.

싯달 태자는 어려서 농사짓는 것을 보러 나갔다가 쟁기에 땅 밑의 벌레들이 잘려 나가는 것을 보고, 또 그것을 날짐승들이 먹으려고 물어 가는 것을 보면서 너무나 크게 상심을 하여 웃음을 잃었다고 합니다. 이러한 약육강식의 실상은 감수성 예민한 어린 가슴에 큰 상처가 되었던 것입니다. 그래서 세상을 바라보는 눈도 보통 사람들과는 매우 다른 데가 있었던 것입니다. 깨달음을 이루신 세존의 눈에 비친 중생들의 피비린내 나는 삶이야 더 말할 나위가 없는 일일 것입니다. 불타는 집 속에서 살려고 허우적거리는 모습 그것이지요.

유명한 화택(火宅)의 비유를 들기 전에 지혜가 뛰어나기로 이름이 나 있는 사리불이 방편과 진실이 무엇인지를 알고 "이 세상에는 오직 부처님이 있을 뿐이다[唯一佛乘]."라는 사실을 깨달았으므로 부처님께서는 그에게 수기(授記), 즉 그대도 부처님이라는 보증(保證)을 합니다. 경전의 말씀은 대중들이 충격을 받을까 염려하여 "앞으로 부처님이 될 것이다."라고 우회하여 표현하였으나 그 내용은 실은 "본래 부처님이다. 이 세상에는 오직 부처님만 있을 뿐이다."라는 뜻입니다.

이 수기에 대한 이야기는 법화경에서 대단히 중요한 내용입니다. 실명을 거론하는 사리불을 위시하여 수많은 사람들이 보증을 받습니다. 그리고 제16 여래수량품에 이르러 여래가 금생(今生)의 수행생활 이전, 까마득한 예전부터 본래로 부처님이었다는 말씀을 통하여 모든 사람들이 수행과 관계없이 본래로 불생불멸(不生不滅)의 영원한 생명의 부처님이라는 사실을 증명합니다. 그 다음 제20 상불경보살품에 이르러 상불경보살의 입을 통하여 불자

(佛子)와 비불자에 관계없이 모두가 이미 부처님이라는 보증을 하기에 이릅니다. 그 외에도 수기품과 오백제자수 기품과 수학무학인기품이라는 수기만을 거론하는 품들이 이렇게 따로 있을 정도입니다. 제바달다품, 권지품에서도 수기는 계속 이어집니다. 법화경은 부처님께서 최후로 하신 말씀으로 모든 사람들이 부처님이라는 수기를 하시기 위해서 설하신 경전입니다.

부처님의 깨달음을 인류사에 있어서 가장 큰 사건이라고도 표현합니다. 그 이유는 부처님 한 분의 깨달음을 통하여 과거, 현재, 미래의 모든 중생들이 일시에 부처님으로 승격되었기 때문입니다. 오랜 세월 전에 돌아가신 이들도, 현재에 이 땅 이 국토에 살고 있는 모든 생명 모든 사람들도, 미래에 태어날 한없는 이들도 모두가 부처님으로 승격되었습니다. 참으로 위대한 일이요, 더없이 큰 사건입니다. 부처님은 일체중생들이 본래로 부처님이라는 사실을 선언하고 수기하여 보증하기 위해서 출현하셨습니다. 경문에도 있듯이 "부처님이 이 땅에 출현하신 것은 부처님의 지혜를 열어주고, 보여주고, 깨닫게 해주고, 그 지혜에 들어가게 하기 위해서이니라〔開示悟入 佛之知見〕." 라고 하였습니다. 그 부처님의 지혜가 무엇이겠습니까. 모든 사람 모든 생명이 그대로 부처님이라는 사실을 아는

82

일입니다. 그 사실을 알리기 위해서 출현하셨다고 하였습니다.

경문 이 때 사리불이 환희심을 이기지 못하여 자리에서 일어나 합장하고 부처님의 존안을 우러러 보면서 부처님께 사뢰었습니다.

"이제 세존의 이러한 법문을 듣고 환희하여 전에 없던 일을 얻었습니다. 그 까닭은 제가 예전에 '보살들은 수기를 받아 성불하리라' 라는 법문을 들었으나, 저는 그 일에 참여하지 못하여 매우 슬퍼하면서 여래의 한량없는 지견을 잃어버렸다고 하였습니다."

이 때 부처님이 사리불에게 말씀하였습니다.

"사리불이여, 그대는 오는 세상에 한량없는 겁을 지나서 수많은 부처님께 공양하고 바른 법을 받아 지니며 보살의 행하는 도를 구족하여 마땅히 성불하리니 이름은 화광(華光)여래·응공·정변지·명행족·선서·세간해·무상사·조어장부·천인사·불·세존이라 하리라."

강의 부처님은 이렇게 수기하십니다. 부처님께서 성불하리라고 수기하시는 말씀은 다른 사람들에게 하시는 것도 위의 말씀과 거의 같은 형식입니다. 사리불이 예전에 다른 사람들은 수기를 받는데 자신은 받지 못했던 사유를 밝히고 있는 경문이 위에서는 지면상 생략이 되었습니다. 그 이유는 대승적인 마음, 즉 사람이 곧 부처님이라는 크고 바른 생각을 하지 못하였기 때문입니다. 평범한 사람으로서 쉽게 부처님이 될 수 없다는 소승법을 따른 관계로 오랜 세월을 자신이 부처님이 아닌 줄로 여기며 살아 왔습니다. 그래서 남들은 모두 수기를 받는데 사리불 자신은 받지 못하다가 오늘에야 비로소 열린 마음, 큰마음으로 당당하게 자신도 실은 부처님이라는 생각을 하기에 이르렀습니다. 그래서 부처가 된다는 수기를 받은 것입니다. 그러므로 자신이 스스로 부처님이라는 사실을 확신하는 것이 무엇보다 중요합니다.

통현(通玄) 장자는 화엄론이라는 불후의 명저를 남기면서, 부처님의 깨달음을 화엄경으로 대변하였고, 그 화엄경은 아래의 한 게송으로 대변할 수 있다고 하였습니다.

불시중생심리불(佛是衆生心裡佛)
수자근감무이물(隨自根堪無異物)
욕지일체제불원(欲知一切諸佛源)
오자무명본시불(悟自無明本是佛)

부처님이란 중생들의 마음 안에 있는 부처님이다.

자신들의 근기 정도를 따라 부처님이 표현된다.

그 외에는 달리 다른 부처님이 없다.

일체 부처님의 근원 자리가 무엇이겠는가.

자신의 무명번뇌가 본래 부처님인 줄 알아라.

천고에 다시 없을 유명한 게송입니다. 일찍이 모든 깨달은 분들은 한결같이 이렇게 말씀하십니다.

"중생이 부처님이요, 달리 다른 물건이 아니다. 번뇌 무명이 본래 이 부처님인 줄 알아라."

생긴 대로, 마음 씀씀이대로 그대로가 부처님입니다. 30촉 짜리 전등은 30촉만큼 비추고 100촉 짜리 전등은 100촉만큼 비춥니다. 그 불빛의 밝기는 달라도 전기의 성질은 같듯이, 무명은 무명대로 지혜는 지혜대로 본래 부처님입니다. 무명이나 지혜나 그 본성은 다 같이 사람이요, 부처님입니다. 악한 행동을 하든 선한 행동을 하든 모두가 부처님으로서의 행동입니다. 고민이 있으면 고민이 있는 대로, 몸에 병이 있으면 병이 있는 대로 그 모습 그대로 부처님입니다.

세상은 불난 집과 같다

경문 이 때 부처님이 사리불에게 말씀하였습니다.

"세존이 갖가지 인연과 비유와 이야기와 방편으로 법을 말하는 것은 모두 최상의 깨달음을 위해서이니라. 사리불이여, 이제 다시 비유를 들어서 이 이치를 밝히리라. 지혜 있는 이들은 비유로써 이해시킬 수 있느니라.

사리불이여, 어떤 나라의 한 마을에 큰 장자가 있었는데 그는 큰 부자이고 재물은 한량없고 그 집은 매우 크지만 문은 하나뿐이고 식구는 많아서 수백 명이 그 안에 살고 있었느니라. 그런데 집과 누각은 낡고 모든 것이 퇴락하여 기울어지고 있는데 거기다가 사면에서 한꺼번에 맹렬한 불이 일어났느니라."

강의 부처님은 그 유명한 삼계화택(三界火宅)의 비유를 들면서 갖가지 인연과 비유와 이야기와 방편으로 법을 설한다고 하십니다. 그렇습니다. 모든 경전의 말씀들은 사람들을 깨우치기 위해서 있는 것입니다. 사람들을 깨우치는 것이 목적이므로 그 말씀의 사실 여부는 중요한 것이 아닙니다. 그러므로 경전을 읽는 사람들은 말씀의 사실 여부에 구애받을 것이 전혀 없습니다. 그 말씀의 의미를 바르게 해석하는 것이 무엇보다 중요합니다. 설사 사실을 말하더라도 사람을 깨우치지 못하면 경전은 무의미한 것으로 취급하지만, 꾸며낸 말이라도 사람들을 깨우치고 마음의 눈을 뜨게 하는 데 도움을 준다면 그것을 높이 삽니다. 그래서 경전에는 비유와 방편의 이야기가 상당 부분을 차지합니다.

세상 사람들의 삶의 실상을 너무도 사실적으로 비유하고 있는 이 화택(火宅)의 이야기는 우리가 그렇게 살면서도 그것을 성찰하지 못하고 있습니다. 경문을 통하여 우리들의 삶의 실상을 자각할 필요가 있습니다. 전 세계의 모든 분야에서 부정부패와 음해와 갈등과 먹고 먹히는 살육의 실상들을 참으로 사실적으로 그리고 있습니다. 심지어 환경오염과 사람들의 나쁜 심성과 못된 행위들까지.

경문 "집은 위태롭고 기둥뿌리는 썩었으며 대들보는 기울어져 축대들은 무너졌느니라. 벽도 담도 헐어지고 발랐던 흙은 떨어지고 서까래는 드러나고, 가는 곳마다 더러운 것이 가득한데 수많은 식구들이 그 곳에 살고 있느니라. 솔개·올빼미·부엉이·독수리·까마귀·까치·비둘기·뻐꾸기·뱀·독사·살무사·전갈·지네·도마뱀·노래기·쥐·족제비·살쾡이 이러한 나쁜 짐승과 벌레들이 달아나고 뛰어다니느니라.

똥·오줌 구린 곳에 더러운 것들 가득한데 말똥구리 벌레들이 그 위에 모여 있느니라. 여우와 이리들은 앞다투어 주워 먹고 밟고 뛰고, 죽은 송장들을 씹고 썰고 하여 뼈와 살이 낭자하였느니라. 이런 곳에 뭇 개들이 몰려와서 끌고 당기며 먹을 것을 찾느라고 갈팡질팡이요, 서로 다투며 으르렁 짖어대는 집안의 참상이 이러하였느니라.

거기다가 도깨비·야차·나쁜 귀신들이 송장을 씹어 먹고 악독한 벌레들과 사나운 짐승들이 알을 까고 새끼를 쳐서 기르는데 야차들이 몰려와서 서로 다퉈가며 잡아먹느니라. 먹고 나서 배가 부르면 나쁜 마음이 더욱 치성하여 싸우고 짖는 소리가 세상에 가득하니라.

또 어떤 귀신들은 사람의 살을 뜯어먹고 개도 잡아먹으면서 머리털은 헝클어져 생긴 모양이 흉악하니라. 기갈이 막심하여 울부짖고 달아나느니라. 야차와 아귀들과 나쁜 새와 짐승들이 배고파서 다니면서 문틈으로 엿보고 있느니라."

강의 비유의 전반부로서 오늘의 세상 모습을 너무도 정확하게 그리고 있는 데 대해 감탄을 금할 수 없습니다. 나라와 나라의 관계가 그렇고 정치를 하는 사람들이나 사업을 하는 사람들이나 심지어 종교나 교육이나 어느 분야라도 그 상황이 무섭고 추악하고 비정한 것이 위에서 그리고 있는 모습들과 하나도 다를 바가 없습니다. 매일 매일 신문과 TV의 뉴스는 그러한 일들을 보도하기에 바쁩니다. 넘쳐 나는 사건 사고를 주체하지 못합니다. 알려지지 않은 것은 더욱 많습니다. 깨달은 사람의 그 무서운 혜안과 통찰이 놀랍고 두려울 뿐입니다.

이러한 세상을 건져서 평화와 행복이 넘쳐나게 하려면 어떤 방법을 써야 할까요. 어떤 정신과 어떤 사상과 어떤 가르침이라야 되는지요. 아래에 부처님이 말씀하고 있듯이 "세상은 나의 소유고, 중생들은 나의 자식"이라는 뜨거운 자비심이 아니면 안 됩니다. 그 뜨거운 자비심과 천 개의 태양이 동시에 뜬 것 같은 밝은 지혜가 아니면 안 됩니다. 그러므로 불교를 지혜와 자비의 종교라고 합니다. 자비와 지혜, 이 두 가지는 수레의 두 바퀴와 같고 새의 두 날개와 같습니다.

그래서 지혜로써는 사람 사람들을 부처님으로 보는 안목을 가져야 하고, 자비로써는 그 모든 사람들을 부처님으로 받들어 섬겨야 합니다. 모든 사람들을 부처님으로 보아 받들어 섬기면 나도 행복하고 그도 행복하고 세상이 모두 행복합니다. 전쟁은 없을 것이고, 서로 물고 뜯고 싸우는 일은 사라질 것입니다. 그래서 불타는 집은 연꽃이

만발한 연화지가 될 것입니다.

세상은 나의 소유

강의 삼계화택의 비유는 이어집니다. 추악하고 비정하고 처참한 집안에 거기서 다시 맹렬한 불이 사방에서 일어났습니다. 그 많은 악독한 짐승들과 귀신들은 더욱 미친 듯이 날뛰면서 서로서로 물고 뜯으며 잡아죽이고 살을 씹고 피를 마시는 그 급박하고 처참한 광경은 말로 다 표현할 길이 없습니다. 그런데 그 집안에는 장자가 아끼고 아끼는 수백 명의 자식들이 있습니다. 그들은 철이 없어 그런 위급한 상황을 전혀 모른 채 노는 데만 정신이 팔려 있습니다.

　아버지인 장자는 이 철없는 아이들을 무사히 집 밖으로 이끌어 내어 그 환란에서 벗어나도록 하기 위하여 교묘한 방편을 씁니다.

경문 "장자는 아이들에게 말하기를, '애들아, 집 밖에는 너희들이 좋아하는 여러 가지 보배로 만들어진 수레가 있다. 양이 끄는 수레 · 사슴이 끄는 수레 · 소가 끄는 수레들이 있다. 대문 밖에는 이런 수레들이 많이 있으니 너희들 마음대로 타고 끌고 놀아라.' 라고 유인하였느니라.

이러한 수레가 있다는 말을 들은 아이들은 서로 다투고 밀치면서 그 집에서 뛰쳐나와 모든 환란을 면하였느니라. 그리고 아이들은 아버지에게 나아가 이렇게 여쭈었느니라.

'세 가지 좋은 수레를 저희들에게 주십시오. 아까 말씀하시기를 너희들이 대문 밖에 나오면 세 가지 좋은 수레를 주시겠다고 하셨으니 지금이 바로 그 때입니다. 나누어주십시오.'

아버지인 장자는 재산이 어마어마하게 많아 금은보화가 창고마다 가득하였느니라. 장자는 큰 수레에다 온갖 보물로 으리으리하게 장엄하고 부드러운 고급 비단으로 자리에 깔고 하여 수레를 더할 수 없이 화려하게 꾸몄느니라. 그리고 가장 크고 흰 소가 있는데 그 소는 살이 찌고 기운도 세며, 몸뚱이도 잘 생겼느니라. 큰 수레에 그 소를 매어 끌게 하였느니라. 마부와 하인들이 앞뒤로 모시었느니라. 이러한 수레들을 아이들에게 나누어주니 아이들은 좋아하고 환희하여 뛰놀면서 수레를 타고 사방으로 달리면서 희희낙락 즐거워하였느니라.

사리불이여, 나도 또한 그와 같느니라. 나는 온 세상의 아버지이고 일체 중생들은 모두 나의 자식이니라. 모두들 세상락에 탐착하여 지혜는 전혀 없고 삼계가 불안하기가 불타는 집과 같느니라. 사리불이여, 나는 중생들을 위하여 이러한 비유로써 일불승(一佛乘)을 말하노라. 너희들이 이 말을 잘 믿고 이해하여 실천하면 누구든지 이 순간부터 부처님으로서의 삶을 살 것이니라. 이 도리는 미묘하고 청정하고 으뜸이니라."

강의 경문의 생략이 많습니다. 독자들은 법화경의 온전한 내용을 읽으면서 참고하셔야 연결이 되리라 생각합니다. 아이들을 불타는 집에서 유인해 내고, 다시 크고 흰 소가 끄는 화려한 수레를 나누어주었다는 내용은 불교의 전체적인 뜻을 간추려 담고 있습니다. 불타는 집은 세상, 아이들은 중생들, 장자는 부처님에 비유하였습니다. 세 종류의 수레는 실제로는 존재하지 않는 방편설의 성문과 연각과 보살승의 가르침입니다. 이 세상에는 오직 일불승, 즉 부처님만 존재한다는 의미로서 크고 흰 소가 끄는 수레를 비유로 들었습니다.

  불교의 가르침이 아무리 많더라도 세 단계의 방편설과 일불승의 진실을 말하는 것에 지나지 않습니다. 세 가지 방편설도 실은 사람들이 모두가 부처님이라는 궁극의 의미를 일깨워주기 위한 사전의 준비학습에 불과합니다. 아무리 찾고 궁구해 봐야 손에 잡히고 눈에 들어오는 것은 사람이며 부처님이라는 사실뿐입니다. "오직 부처님이 존재하고 사람이 존재할 뿐 이승도 삼승도 없다〔唯有一佛乘 無二亦無三〕."라는 법화경의 종지(宗旨)를 늘 상기하면서 경전을 공부하여야 한다고 생각합니다.

고인의 말씀에 경전의 가르침을 내 마음에 비춰보지 않으면 "경전을 공부해도 이익이 없다〔心不返照 看經無益〕."고 하였습니다. 그 마음이란 무엇이겠습니까. 곧 사람입니다. 사람이 마음입니다. 사람이라는 사실 외에 누가 수다원이고, 누가 사다함입니까? 누가 아나함이고, 누가 아라한입니까? 누가 십신(十信)이고, 누가 십주(十住)입니까? 누가 십행(十行)이고, 누가 십회향(十廻向)입니까? 누가 십지(十地)고, 등각(等覺)이고, 묘각(妙覺)입니까? 길거리에 있는 청소부는 십신, 십주이고 원효, 의상은 등각, 묘각입니까? 그들 모두가 사람이며 부처님입니다. 사람 외에는 아무 것도 없습니다. 부처님 외에는 아무 것도 없습니다. 모두가 근기에 맞춰서 말하고, 수준에 맞춰서 설하는 방편의 말씀입니다.

법화경은 불교 궁극의 가르침이며, 최상의 가르침이며, 더 이상 나아갈 데 없는 가르침입니다. 그러므로 독자가 이해를 하든 못하든 진실을 말할 수밖에 없습니다. 5천 명의 제자들에게 비난을 받더라도 어찌할 수 없는 순간에 이르렀기 때문입니다. 그 5천 명이 부처님을 등지고 떠나는 사태가 벌어져도 최후의 마지막 말을 아니할 수 없기 때문입니다. 만고에 변할 수 없는 진리를 설파해야 하기 때문입니다.

제4 신해품 (信解品)

신해(信解)

강의 불교의 신앙체험을 대개 네 단계로 설명합니다. 믿음
(信)과 이해(解)와 실천(行)과 성취(證)가 그것입니다. 이
신해품에서는 믿고 이해한 것을 위주로 표현하고 있습니
다. 종교를 갖는 일은 무엇인가 잘은 몰라도 마음이 끌리
고 믿음이 가야 합니다. 물론 이성적으로 불교에 대한 이
론을 잘 알고 나서 마음이 끌리는 경우도 있지만 대개의
사람들은 이성보다는 감정이 우선하기 때문에 감정의 작
용이라 할 수 있는 믿음이 앞서는 경우가 많습니다. 그래
서 이해를 뒤로 하고 믿음을 먼저 한 것입니다.

그러나 올바른 이해가 없는 맹목적인 믿음은 매우 위험
한 일입니다. 만일 하찮은 교의(敎義)이거나 나쁜 가르침
이라면 자기 자신을 해칠 뿐만 아니라 가족과 세상을 참
혹하게 만드는 결과를 가져오게 하기 때문입니다. 그러므

95

로 굳은 믿음과 아울러 바르고 넓고 깊은 이해가 반드시 병행되어야 올바른 불교인이라 할 수 있습니다.

　이 신해품에서는 중간 근기라고 표현되는 수보리 · 가전연 · 가섭 · 목건련이 앞서 비유품의 설법을 듣고 나서 비로소 진정한 불법에 눈을 뜨고 뛸 듯이 기뻐합니다. 그리고는 지금까지 배우고 닦은 것을 비유를 들어 부처님께 여쭙니다. 그 내용은 궁자(窮子)의 비유, 또는 장자궁자(長者窮子)의 비유라고 하여 부처님의 설법과 교화의 전 과정을 표현하고 있습니다.

공(空)은 인간고를 다스리는 최상의 처방

경문 그 때 수보리와 마하가전연과 마하가섭과 마하목건련이 부처님에게, 처음 보는 법을 들었다는 생각을 합니다. 또 사리불에게 최상의 깨달음에 대한 수기를 주시는 것을 보고 희유한 마음으로 기쁨을 이기지 못하여 정중하게 예를 갖추고 공경히 존안을 우러러 부처님께 사뢰었습니다.

　"저희들은 대중들의 상수(上首)로서 스스로 생각하기를 '이미 열반을 얻었다. 더 할 일이 없다'라고 생각하고 더는 최상의 깨달음을 구하려 하지 않았습니다. 저희들은 그 동안 배운 공(空)과 형상이 없음[無相]과 지음이 없음

〔無作〕의 이치만을 생각하였습니다. 보살의 법과 신통에
서 노님과 부처님의 세계를 완성하는 일과 중생들을 제도
하는 일은 마음에 즐거워하지 않았습니다. 그러나 오늘
부처님 앞에서 성문들에게 최상의 깨달음에 대한 수기를
주시는 것을 듣고 마음이 환희하여 전에 없었던 기쁨을
얻었습니다. 이제 홀연히 희유한 법을 들은 것은 매우 다
행이며 큰 이익을 얻은 것입니다. 한량없는 보배를 구하
지 않아도 저절로 얻은 듯합니다."

강의 궁자의 비유로써 자신이 불법 안에서 성숙하여온 모
든 과정을 말하려고 합니다. 그것은 곧 부처님이 중생들
을 교화하는 전 과정이기도 합니다. 참으로 미증유이며
최상의 도리인 사람이 그대로 완전한 부처님이라는 사실
을 깨닫기까지 그들이 그 동안 최상의 법이라고 믿어 왔
던 법의 내용을 경문은 약간 언급하였습니다. 즉 공과 무
상과 무작입니다. 6백 부 반야경의 21년 가르침의 모두라
고 할 수 있습니다. 그것은 불교에서 가장 많이 읽히는
270자의 반야심경으로 대변할 수 있습니다.
　불교의 공사상은 인간의 제반 문제와 온갖 고통들을 치
유하는 데 있어서 최상의 처방책입니다. 필자는 그 270자
마저 '나는 없다'라는 네 글자로 요약하여 읽습니다. '나

는 없다'를 거의 주문을 외듯 외움으로써 반야관(般若觀)이 성숙하여, 어지간한 마음의 병은 극복할 수 있습니다. 반야심경에서 "몸도 마음도 텅 비어 없는 것으로 보고 모든 고통에서 벗어난다〔五蘊皆空 度一切苦厄〕."라고 하였습니다. 어떤 경우라도 이 '나는 없다'라는 반야관을 통해서 마음의 평정을 얻고 모든 아픔이 사라져서 편안함을 누린다는 뜻입니다.

경문에 소개된 수보리나 가섭이 공의 이치를 통하여 번뇌가 다 사라진 경지, 즉 열반을 얻은 것으로 불법의 궁극의 경지라고 착각하였다는 말씀을 하고 있습니다. 자신의 마음은 편안할지 몰라도 이웃의 아픔은 치료할 수 없기에 중생들을 제도하는 일을 즐거워하지 않았다는 자신의 부족했던 과거를 토로하고 있습니다.

불교의 목적은 성불이 아니라 중생을 제도하는 것입니다. 설사 자신의 문제를 공의 이치로써 치유하더라도 그것은 불교의 본래의 목적이 아닙니다. 오로지 모든 사람들을 부처님으로 이해시키고, 서로가 부처님으로 받들어 섬김으로써 함께 행복하게 사는 데 있습니다. 그러므로 수보리와 마하가전연과 마하가섭과 마하목건련과 같은 부처님의 십대제자(十大弟子)에 들어가는 큰 제자들도 이제사 뉘우치고 비로소 바른 법을 알았노라고 하십니다.

전에는 최상의 법이라고 생각했던 공과 무상과 무작의 도리가 진정한 불법이 아니라고 합니다. "부처님의 세계를 완성하는 일과 중생들을 제도하는 일"이야말로 진정한 불법이라고 술회합니다.

궁자(窮子)의 비유

경문 "세존이시여, 제가 이제 비유를 들어서 이 뜻을 밝히겠습니다. 어떤 사람이 어린 시절에 아버지를 버리고 도망하여 50년을 살았는데 늙고 곤궁하여 의식을 구하려고 우연히 고향으로 향하였습니다. 그 아버지는 아들을 찾아다니다가 어느 도시에서 큰 부자가 되어 있었습니다. 그때 빈궁한 아들은 여기 저기 다니다가 마침 아버지가 사는 마을에 이르렀습니다. 아버지는 죽기 전에 아들을 찾아서 많은 재산을 아들에게 물려주려고 하였습니다. 아들은 그 날도 품을 팔려고 여기저기 다니다가 우연히 아버지가 사는 집의 대문 밖에 이르렀습니다.

1. 때마침 아버지는 아들을 알아보고는 반가운 나머지 재산을 얼른 물려주려는 생각에서 사람을 보내어 데려오게 하였으나 못난 아들은 마음이 용렬하여 자신을 잡아 가두려는 줄 알고 놀라 도망가다가 기절하고 말았습니다.

2. 아버지는 하는 수 없이 방편으로 초라하게 꾸민 사람

을 보내서 그 아들을 소생시켜 품을 팔 곳을 안내하게 하여 거름을 치고 품삯을 받도록 하였습니다.

3. 그러다가 다시 점점 아버지와 아들은 서로 마음을 믿고 뜻이 통하여 허물없이 집안에 드나들었습니다.

4. 그 후에는 또 아버지의 재산이 얼마인지, 금은보화는 어느 창고에 얼마가 있는지, 주고받을 돈의 거래는 어떻게 되는지를 소상하게 알게까지 되었습니다.

5. 그러다가 얼마 후 아버지는 죽을 때에 다다라 친척과 국왕과 대신들을 모이게 하고 이렇게 선언하였습니다. '여러분, 이 아이는 내 아들이오. 내가 낳은 아들인데 어느 해 고향을 떠나 여러 곳으로 다니다가 뜻밖에 여기서 다시 만났소. 이 아이는 참으로 내 아들이고 나는 이 사람의 아버지요. 이제 나의 모든 재산은 이 사람의 소유요. 모든 재산 상황과 출납의 일도 그 동안 익혀서 잘 알고 있소. 이 사람이 알아서 할 것이요.' 이렇게 하여 아버지의 모든 재산을 물려받게 되었습니다.

세존이시여, 궁한 아들은 아버지의 말을 듣고 크게 환희하였고 큰 이익을 얻게 되었습니다. 장자는 곧 여래이시고, 저희들은 장자의 아들, 곧 부처님의 아들이옵니다."

강의 수보리와 네 성문 제자들이 자신들의 수행과정을 비유를 들어 자세히 밝히고 있으나 역시 지면상 많은 생략이 있습니다. 먼저 부처님의 제자로서 자신들이 수행한 과정들을 부끄럽지만 당당하고 진실하게 밝혀서 잘 잘못을 점검 받는 자세가 돋보입니다.

위의 경문을 다섯 단락으로 구분을 지은 것은 예로부터 부처님의 일대시교(一代時敎)를 오시교(五時敎)로 나누어 이해하는 근거를 이 법화경의 구절에 두고 있기 때문입니다. 그 많은 팔만대장경의 가르침을 내용의 심천(深淺)에 따라 다섯 가지로 구분한 것입니다.

1. 먼저 화엄부의 경전들은 깨달음의 경지를 그대로 여과 없이 표현하였기 때문에 수준이 낮은 사람들에게 그대로 설하여 주는 것은 마치 못난 아들이 화려한 부잣집과 재산을 물려주려는 사람이 갑자기 달려오는 것을 보고 기절하고 마는 것으로 비유하였습니다. 참으로 절묘한 비유입니다. 부처님이 깨닫고 나서 그 깨달음의 경지를 순수하게 그대로 설합니다.

척박하기 이를 데 없는 땅을 다이아몬드로 이뤄졌다고 하십니다. 최상의 보배로 된 여러 가지 꽃들이 그 땅을 아름답게 꾸미고 있다고 하였습니다. 찬란하고 아름답기 그지없는 형형색색의 고운 빛이 찬란하게 비친다고도 하였

습니다. 이루 말할 수 없는 보배들과 미묘한 꽃들이 그 다
이아몬드로 된 땅에 첩첩이 쌓였다고도 합니다. 보리수도
궁전도 모두 갖가지 보배로 꾸며졌으며, 그 아름다움을
말로는 다 표현할 길이 없다고 하십니다.

선정에 들기 전에 주변에 있는 풀을 구해서 깔고 앉아
있던 그 자리는 어느새 무가진보로 만들어 놓은 높고 넓
은 사자좌라고 하였습니다. 화엄경의 그 상상할 수 없는
설법은 실로 놀라서 기절을 하지 않고는 주체할 수 없는
내용들입니다.

최소한 깨달음을 이루신 부처님의 눈에는 이 세상 모든
것이 그렇게 소중하고 아름답게 보인 것입니다. 그 때나
지금이나 세상은 달라진 것이 없으나 부처님의 눈에는 그
렇게 신기하고 경이롭게 보인 것입니다. 여기서는 사람만
부처님이 아니라 삼라만상, 두두물물이 모두가 부처님이
며 진리 그 자체입니다. 물이 흘러가는 소리가 부처님의
위대하신 설법의 소리요, 산천초목이 그대로가 청정법신
비로자나 부처님이라 하였습니다.

이러한 세계를 어리석은 중생들에게 아무런 예비 지식
도 없이 설하였으니 기절하지 않고 견딜 수가 없었을 것
입니다.

2. 다음으로는 아함부의 경전들, 즉 소승의 가르침은 아버지가 방편을 써서 아들에게 거름을 치게 하고 품삯을 주는 것에 비유하였습니다. 위에서 말한 화엄경의 내용들을 알아들을 수 없으므로 하는 수 없이 수준을 낮추어서 어린아이들에게 들려주는 동화와 같이하여 가르친 것입니다. 그래서 아함경에는 인연의 이야기가 많고, 꾸며낸 말들로 가득합니다. 어린아이의 울음을 그치게 하려면 "문 밖에 호랑이가 왔으니 울지 말아라."고 할 수밖에 없듯이 말입니다.

3. 다음 방등부의 가르침은 그 장자와 마음이 통하여 아들임에도 불구하고 겨우 그의 집에 허물없이 자유롭게 출입하는 것에 비유하였습니다. 유치원 아이의 수준에서 조금 단계를 높인 가르침이라고 할 수 있습니다.

4. 다음의 반야부, 즉 공관(空觀)의 가르침은 장자의 재산 상황과 금은보화가 있는 창고와 금전의 거래내력을 자세히 아는 것에 비유하였습니다. 인간의 고뇌를 소멸하는 처방으로서는 상당히 효과가 있는 약방문입니다.

5. 마지막으로 사람이 본래로 부처님이라는 불교 궁극

의 가르침이며, 수준이 높은 보살들에게만 가르치는 법이며, 부처님이 오랫동안 비장해 두었던 최후의 가르침인 법화경은 못난 아들을 본래 자신의 아들이라고 선언하고 모든 재산을 물려주는 것에 비유하였습니다. 바로 이 법화경의 가르침입니다. 그 재산이란 다름 아닌 사람이 부처님이라는 인불사상(人佛思想)입니다.

열반은 하루의 품삯

강의 앞서의 궁자의 비유를 들고나서 수보리는 자신이 과거에 수행하면서 생각하였던 것과 오늘의 깨달음과의 차이점을 말하면서 지난날의 오해를 신랄하게 비판하고 있는 경문이 이어집니다. 불교의 여러 가지 교의를 바르게 이해하고 궁극에는 무엇을 가르치려는 것인가를 정확하게 알기 위하여 이어서 읽어야 할 중요한 부분입니다.

경문 "세존이시여, 저희들은 늙고 병들고 죽는 괴로움 때문에 여러 가지 시끄러운 번뇌에 시달리면서도 미혹하고 지식이 없어 소승법(小乘法)만을 좋아하였습니다. 그래서 세존은 저희들로 하여금 모든 법의 희롱거리인 거름을 치도록 하였고, 저희들은 그 가운데서 열심히 정진하여 열반에 이르는 하루의 품삯을 얻고서는 '불법 가운데서 부지런히 노력한 소득이 매우 크다.'고 기뻐하고 만족하였습니다.

그러나 세존은 저희들의 마음이 용렬하여 소승법을 좋아하는 것을 미리 아시고도 여래의 지견(知見)인 최상의 보배에 대하여 말씀하시지 않았습니다. 단지 방편으로 지혜를 말씀하시었을 뿐입니다. 이제야 세존께서 부처님의 지혜에 대하여 아낌이 없으신 줄을 알았습니다. 저희들이 본래부터 참으로 부처님의 아들이면서도 소승법만을 좋아했기 때문입니다. 만약 저희들이 대승법을 좋아하였더라면 부처님이 저희들에게 대승법을 말씀하여 주었을 것입니다.

이 경에서는 일불승(一佛乘)만을 말씀하십니다. 예전에는 보살들 앞에서 성문들은 소승법을 좋아한다고 나무라시었으나 부처님은 실로 대승으로써 교화하십니다. 그러므로 저희들은 '본래부터 희구하는 마음이 없었는데 이제 법왕(法王)의 큰 보배가 저절로 와서 부처님의 아들로서 얻어야 할 것을 다 얻었다.'라고 생각합니다."

강의 위의 경문에서 마음에 새겨야 할 것은 진정한 불자의 이상이 무엇인가라는 것입니다. 그것은 다름 아닌 부처님의 재산인 지혜를 나의 것으로 하는 일입니다. 그 외의 것은 불교의 궁극적 목표가 아니라는 점입니다. 부처님의 지혜란 사람은 본래로 부처님이기 때문에 하루 하루를 부처님으로 살아가야 한다는 사실을 아는 일입니다. 성문들은 마음이 용렬하고 무지하여 소승법만을 좋아하였기 때문에 부처님은 사람이 부처님이라는 일불승의 가르침을 두고도 설하지 않았다고 하였습니다.

그러나 이 경전에서는 오직 일불승만을 설할 뿐이며 그것은 법왕의 가장 아끼고 비장하여 두었던 큰 보배라고 하고 있습니다. 그렇습니다. 일불승의 교의(敎義)야말로 부처님께서 우리들에게 최후로 일러주고자 했던 가장 값진 가르침입니다.

그러므로 수보리처럼 이제는 비굴한 정신을 던져버려야 합니다. 나는 도저히 부처님이 아니라고 하는 생각은 버려야 합니다. 그런 생각은 불성(佛性)을 부정하고, 부처님을 부정하고, 나아가서 부처님을 모욕하는 일입니다. 괴로움을 소멸하고, 생사를 초월하고, 열반을 증득하는 일이 불교라고 생각하는 것은 거름을 치워주고 그날 그날의 품삯을 받아 연명해 가는 못난 궁자의 신세일 뿐입니다.

당당하게 장자의 재산을 가지고 우리 또한 장자로서 살아갈 일입니다. 무궁무진한 재산을 마음껏 쓰면서 영원한 생명으로서 대자유를 누리며 살 일입니다. 법화경은 그러한 이치를 전하고자 시종일관 "오직 일불승만 있을 뿐 이승도 삼승도 없다"라고 설합니다. 부처님은 어쩌면 "사람이 부처님이다"라는 한마디를 전하려고 온 것인지도 모릅니다.

신해품이란 모든 사람이 진정한 부처님이라는 사실을 확신하고 살아야 한다는 뜻입니다. 그리고 확신과 아울러 깊고 정확한 이해가 있어야 한다는 뜻입니다. 그래서 믿고 이해하는 품입니다. 수보리와 네 성문들은 요지부동의 확신과 깊고 소상한 이해를 통하여 스스로 부처님으로서의 삶을 살게 되었다는 환희와 감동과 찬탄을 하고 있습니다.

필자는 어느 해 가을 송광사 문수전에서 정진을 하였습니다. 수선사에서는 3년 결사가 진행되고 문수전에서는 3, 4명이 앉아 시간에 구애되지 않고 자유롭게 정진을 하면서 문수전 옆에 있는 관음전 법당의 부전 소임도 맡아서 조석예불을 드리던 때의 일입니다.

하루는 3시에 일어나 새벽예불을 하려고 법당에 가려는데 너무나 어두워서 아예 눈을 감고 법당에 들어섰습니다. 늘 하던 일이라 탁자 앞에서 손을 내밀어 성냥을 찾아 불을 켜는 순간, 그 칠흑 같은 어둠은 어디론가 사라지고 말았습니다. 순식간의 일이었습니다. 분명히 문은 닫혀 있었고 어둠이 나갈래야 나갈 곳은 없었습니다. 그런데 어둠은 없습니다.

　나는 그 순간 어둠과 밝음이 둘이 아님을 깨달았습니다. 어둠이 곧 밝음이고 밝음이 곧 어둠입니다. 번뇌 무명과 보리 열반이 둘이 아님을 알았습니다. 이 허망한 육신이 그대로 법신이라는 사실도 알았습니다. 그리고 이 무지몽매한 보통 사람 밖에 따로 부처님이 없다는 사실도 알았습니다. 일찍이 애송하던 "무명실성즉불성(無明實性卽佛性) 환화공신즉법신(幻化空身卽法身)"이라는 말을 확실하게 깨닫게 되었습니다. 신해품의 신해(信解)란 바로 사람이 곧 부처님이라는 확신을 갖고 살아가는 일입니다.

제5 약초유품 (藥草喩品)

강의 약초유품이란 곧 약초의 비유, 또는 풀과 나무의 비유라는 뜻입니다. 온 산과 들에는 나무와 풀들이 가득하고 하늘에는 구름이 일어 큰 비가 내릴 적에 비는 한결같이 내립니다. 그러나 나무나 풀들은 그 크기에 따라서 물을 받아들이는 것이 모두 다릅니다. 부처님의 법은 차별이 없는 한 맛이지만 사람들은 그 수준과 근기에 따라서 그것을 받아들여 이해하는 것이 각각 다르다는 것을 설하고 있습니다.

즉 여래가 세상에 출현하신 것은 큰 구름이 세상을 덮는 것입니다. 사람들에게 법을 설하시는 것은 구름에서 비가 내리는 것입니다. 사람들이 법문을 듣고 자신의 능력에 따라 수행하여 각각 다른 도에 들어가는 것은 곧 나무와 풀들이 크기에 따라 물을 흡수하는 것이 차별한 것과 같은 것입니다. 그리고 이 약초유품은 비유도 훌륭하지만 그 내용이 매우 아름다워서 문학적으로도 뛰어나다는 옛 사람들의 평이 있는 품입니다.

여래는 모든 존재의 성(性)과 상(相)을 다 안다

경문 그 때 세존께서는 마하가섭과 여러 큰 제자들에게 말씀하셨습니다.

"여래는 모든 존재와 존재작용들의 내용을 관찰하여 알며, 모든 중생들의 깊은 마음의 움직임을 알아서 조금도 막힘이 없으며, 또 모든 법을 끝까지 잘 알아서 모든 중생들에게 온갖 지혜를 보여 주느니라."

강의 약초의 비유를 말씀하시기 전에 부처님의 일생의 가르침이 설법을 듣는 사람들에게 어떻게 그 영향을 미치는가에 대해서 진실하고도 적절하게 하실 수 있는 능력과 그 지혜에 대하여 먼저 언급하고 있습니다. 즉 여래는 실재의 지혜로써 진리를 깨달았습니다. 그래서 모든 존재와 존재의 작용들이 결국은 실재의 진리로 돌아감을 압니다. 또 방편의 지혜로써 사람들의 수준과 근기를 잘 관찰하여 사람들의 마음속의 탐욕과 취미와 바라는 바와 그 마음의 흐름들을 환하게 읽어냅니다.

그리고 모든 현상들을 사실 그대로 관찰하여 알고 있습

니다. 이처럼 여래는 모든 존재의 성품(性)과 현상(相)과 방편(權)과 실재(實)들을 하나 하나 밝게 알고 있다고 하시면서 다음의 비유를 설하십니다.

근기는 달라도 법은 하나

경문 "가섭이여, 비유하자면 삼천대천세계의 산과 강과 계곡과 평지에 나서 자라는 풀과 나무와 숲과 약초들의 종류도 많고 이름과 모양도 각각 다르느니라.

짙은 구름이 가득히 퍼져 삼천대천세계를 두루 덮고 일시에 큰비가 고루고루 흡족하게 내리면 모든 초목과 숲과 약초들의 작은 뿌리 · 작은 줄기 · 작은 가지 · 작은 잎새와, 중간 뿌리 · 중간 줄기 · 중간 가지 · 중간 잎새와, 큰 뿌리 · 큰 줄기 · 큰 가지 · 큰 잎새와 크고 작은 나무들이 상 · 중 · 하를 따라 제각기 비를 받는데 한 구름에서 내리는 비이지만 그 초목의 종류와 성질에 맞추어서 자라고 크고 꽃이 피고 열매가 맺느니라. 비록 큰 땅에서 나고 한 비로 축이어 주는 것이지마는 여러 가지 초목이 각자 차별하는 것이니라.

가섭이여, 여래도 그와 같아서 세상에 출현하는 것은 큰 구름이 일어나는 것과 같고, 큰 음성으로 온 세계의 하늘과 사람과 아수라에게 두루 미치는 것은 저 큰 구름이

111

삼천대천세계를 두루 덮는 것과 같으니라."

강의 모든 사람들이 본래로 한결같은 부처님이기 때문에
세존의 설법은 큰비와 같이 한결같지만, 사람도 사람 나
름이기 때문에 그 근기가 천차만별합니다. 근기가 천차만
별하기 때문에 부처님으로서의 사회에 끼치는 그 영향력
도 각각입니다. 5촉의 전등과 10촉의 전등, 또는 100촉의
전등이 그 빛의 밝기는 각각 다르지만 전기의 성질은 같
은 것입니다. 세존과 우리들의 복덕과 지혜의 힘이 달라
서 사람들에게 미치는 영향력은 다르지만 그 본성은 한결
같은 부처님이라는 사실을 확신하고 있어야 합니다. 그
점이 법화경에서 전달하고자 하는 깊은 뜻입니다.

세존의 열 가지 이름[十號]

경문 세존께서 대중 가운데서 말씀하시기를 "나는 여래 ·
응공 · 정변지 · 명행족 · 선서 · 세간해 · 무상사 · 조어장
부 · 천인사 · 불 · 세존이니라."

강의 부처님은 사람들을 향하여 스스로 "나는 이러이러한
사람이다."라고 하시면서 열 가지의 이름으로 불리고 있
음을 말씀하였습니다. 이것은 흔히 여래 십호라는 것입니

다. 모두가 부처님을 가리키는 말이지만 각각 부처님의 덕과 힘을 나타내고 있습니다.

여래란 '진여, 즉 진리로부터 온 사람'이라는 뜻입니다. 부처님을 찬탄하는 말로서 응공이란 '인간계나 천상계의 사람들에게 공양 받을 만한 사람'이라는 뜻이며, 정변지는 '지혜가 바르고 넓게 골고루 미쳐 있는 사람'이라는 의미이며, 명행족은 '지혜와 실천이 모두 완전하게 갖춰져 있는 사람'이라는 뜻입니다. 선서란 '온갖 사물들과 세상사에 얽매이지 않는 사람'이며, 세간해란 '어떤 일 어떤 사람의 경우라도 모두 이해할 수 있는 사람'이며, 무상사란 '가장 높은 최상의 지성인'이라는 뜻입니다. 조어장부는 '사람들의 마음을 잘 알아서 적절하게 다스릴 줄 아는 사람'이라는 의미이며, 천인사란 '천상계의 사람이나 인간계의 사람이나 온갖 생명들을 인도하는 스승'이라는 뜻이며, 불(佛)이란 '부처님, 즉 깨달은 사람'이며, 세존이란 '세상에서 가장 존귀하고 소중한 사람'이라는 뜻입니다.

이 열 가지의 덕과 힘을 갖춘 것이 보통 부처님인 우리들 사람과 다르다면 다른 점입니다. 실은 다른 것이 아니라 모든 사람들이 다 같이 내면에 갖추고 있는 점을 드러내어 표현한 것입니다. 이렇게 열 가지의 이름을 통해서 밖으로 드러내는 일이기도 합니다. 실로 그 본성에 있어서는 사람과 부처님이 조금도 다름이 없습니다. 무한한 가능성과 영원한 생명으로서의 그 위대함에 있어서는 아무리 찬탄하여도 다할 수 없습니다. 덕과 힘에 있어서 약간의 차이가 있다고 해서 부처님이 아니라는 생각을 한다면 법화행자(法華行子)가 아니며 참다운 불자(佛子)가 아닙니다. 보통 부처님인 우리 인간들도 모든 것을 보고, 모든 것을 들으며, 모든 것을 느끼고 아는 무량공덕이 있고 팔만사천의 신통묘용이 있습니다. 이 점에 눈을 크게 떠야 합니다.

성철 스님의 법문 중에 '참다운 불공'이라는 것이 있습니다. 인불사상에서 한 걸음 더 나아가서 화엄경의 만유진불(萬有盡佛)사상이라 할 만하여 소개합니다.

"집집마다 부처님이 계시니 부모님입니다. 내 집 안에 계시는 부모님을 잘 모시는 것이 참 불공입니다. 거리마다 부처님이 계시니 가난하고 약한 사람들입니다. 이들을 잘 받드는 것이 참 불공입니다.

발 밑에 기는 벌레가 부처님입니다. 보잘 것 없어 보이는 벌레들을 잘 보살피는 것이 참 불공입니다. 머리 위에 나는 새가 부처님입니다. 날아다니는 생명들을 잘 보호하는 것이 참 불공입니다.

넓고 넓은 우주, 한없는 천지의 모든 것이 다 부처님입니다. 수없이 많은 이 부처님께 정성을 다하여 섬기는 것이 참 불공입니다.

이리 가도 부처님, 저리 가도 부처님, 부처님을 아무리 피하려고 하여도 피할 수가 없으니 불공의 대상은 무궁 무진하여 미래 겁이 다하도록 불공을 하여도 끝이 없습니다. 이렇듯 한량없는 부처님을 모시고 항상 불공을 하며 살 수 있는 우리는 행복합니다."

제도(濟度)되지 못한 이를 제도하노라

경문 "나는 제도되지 못한 이를 제도하고, 이해하지 못한 이를 이해하게 하며, 편안하지 못한 이를 편안하게 하고, 열반하지 못한 이를 열반하게 하느니라."

강의 스스로 부처님이라는 사실에 눈을 뜰 때 그것이 제도이며, 그것이 진정한 이해이며, 참다운 편안함이며, 열반에 든 것입니다. 법을 전하고 마음을 전한다는 뜻도 실은 갑(甲)이라는 사람이 을(乙)이라는 사람에게 무엇을 전달할 것이 있어서 전달하였다는 말이 아니라 스스로 법을 알고 도를 깨달았다는 사실을 인가할 뿐입니다. 제도하고 이해한다는 말도 실은 스스로 하는 것이지 남이 하도록

115

해 주는 것은 아닙니다. 남이 전할 수 있는 일이라면 부모는 자식에게 전할 것이고 남편은 아내에게 전할 것입니다. 불교역사상 그런 일은 없었습니다. 있을 수 없는 일이기에 없었던 것입니다.

그러나 아래에서 말하고 있듯이 참되고 바른 이치를 아는 사람이기에 제도되지 못한 이를 제도한다고 말합니다. 참되고 바른 인간의 길을 알려줄 수 있는 사람이기에 이해하지 못한 이에게 이해시킨다고 하였습니다. 진정 참되고 바른 삶의 길을 알고, 열어 보이고, 설명할 수 있는 사람이기에 다른 사람들을 진리의 길에서 편안하게 할 수 있다고 하였습니다.

나는 도를 말하는 사람

경문 세존이 말씀하셨습니다. "지금 세상과 오는 세상을 사실대로 아나니, 나는 모든 것을 아는 이며, 모든 것을 보는 이며, 도를 아는 이며〔知道者〕, 도를 열어 보이는 이며〔開道者〕, 도를 말하는 이〔說道者〕이니라. 너희 하늘과 사람과 아수라가 모두 여기에 와야 하나니 법을 듣기 위함이니라."

강의 도에 대한 철두철미한 체득은 신(身) · 구(口) · 의(意)

의 삼업을 통해서 이루어 졌을 때입니다. 도를 알고, 도를 열고, 도를 설한다는 말은 곧 마음으로 알고 몸으로 열어 보이고 말로 설한다는 뜻입니다. 인간으로서 이르러 갈 수 있는 최상의 경지에 이른 자로서 너무도 당당하게 "나는 모든 것을 안다. 그래서 모든 것을 보인다. 나는 도를 아는 사람이다. 도를 열어 보이는 사람이다. 도를 말하는 사람이다."라고 설하고 있는 삼계의 대도사요, 사생의 자부이신 부처님의 우뚝한 모습이 환하게 그려지는 대목입니다. 참으로 일 천 개의 태양이 동시에 떠서 세상을 비추는 광경[猶如千日出]이라고 할 수 있습니다.

알아들을 수 있는 법을 설하다

경문 "여래께서 이 때에 사람들의 근성이 영리하고 아둔함과 부지런히 정진하고 게으름을 살피시고 그들이 감당할 만한 대로 법을 설하여 한량없는 이들을 모두 기쁘게 하며 좋은 이익을 얻게 하였느니라.

이 중생들이 법을 듣고 이생에는 편안하고 내생에는 좋은 곳에 태어나서 도(道)의 즐거움을 누리고 법을 들으며, 법을 듣고는 모든 장애를 떠나고, 모든 법에서 그의 능력을 따라서 점점 도에 깊이 들어가게 되나니, 마치 저 큰 구름이 모든 초목과 숲과 약초에 비를 내리면 그 종류와

117

성질에 맞추어 윤택함을 받아 각각 생장함과 같으니라."

강의 법을 설함에 있어서 듣는 사람들의 수준과 근기에
맞춰서 설해야 한다는 것은 설법의 절대적인 원칙입니다.
아무리 좋은 내용이라도 알아듣는 사람들이 없는 설법은
하지 않는 것만 못합니다. 우리 나라에는 아직도 덜떨어
진 선지식들이 있어서 설법이라 하여 세상에 내어놓는 설
법들을 보면 자신은 아는지 몰라도 다른 사람들은 전혀
이해할 수 없는 말들을 쓰고 있는 것을 흔히 봅니다.
어느 해 어느 사찰에서 선(禪)대회라는 큰 행사를 했는데
뒷사람들의 평이 "마치 외계인들이 와서 노는 것을 보는
것과 같았다."라는 말을 듣고는 참으로 정확하게 표현한
말이라고 여겼습니다. 이제는 한국의 선법문(禪法門)도
달라져야 합니다. 사람들이 알아듣지 못하는 말은 하지
않아야 합니다. 원고에 겨우 겨우 꿰어 맞춘 한자법문을
쓰고 한글로 번역해서 이중으로 읽고 있는 그런 법문은
결제나 해제 때의 상당법어에서도, 영결식에서도 사라져
야 합니다. 그런 법문들을 모아서 법어집이라고 세상에
내어놓은들 세상에 무슨 보탬이 되겠습니까?
　이 법화경은 말할 것도 없고 화의돈(化儀頓)이라 하여
근기와 상관없이 설했다고 하는 저 높은 화엄경도 매 장

마다 수기(隨機)니 수의(隨宜)니 응기(應機)니 하는 말이
쏟아집니다. 모두 근기에 맞추고 수준에 맞춰서 알아듣게
해야 한다는 뜻입니다. 물론 수많은 청중들을 생각할 때
사람 사람들의 수준에 다 맞춘다는 것은 불가능한 일이지
만 그러나 다수의 청중에 맞춰서 설해야 하지 않을까 하
는 생각입니다.

주옥 같은 불법의 가르침을 기회를 얻었을 때 한마디라
도 알아듣게 설해야지 흉내를 내는 것으로서 높은 법을
설한 것으로 생각하여 청중들의 비웃음을 사는 일은 이제
그만할 때가 되었다고 생각합니다. 경에서 "여래는 사람
들의 근성이 영리하고 아둔함과 부지런함과 게으름을 살
피시고 그들이 감당할 만한 대로 법을 설하여 한량없는
이들을 모두 기쁘게 하며 좋은 이익을 얻게 하였느니라."
라고 하였습니다. 실로 가슴이 벅차오르는 지혜와 자비를
느끼게 합니다.

마침내는 공(空)으로 돌아가는 것

경문 "여래는 한 모양이며 한 맛인 법을 아나니, 이른바 모
든 장애로부터 벗어난 모양과 떠난 모양과 소멸한 모양과
끝내 모든 것이 사라진〔涅槃〕철저하게 적멸한 모양으로
서 마침내는 공(空)에 돌아가는 것이니라."

강의 대승경전의 가르침은 거의 모두가 공(空)의 이치를 실천할 것을 빼놓지 않고 이야기합니다. 6백 부 반야경이나 화엄경이나 이 법화경도 모두 공을 많이 이야기합니다. 실로 인간의 가장 큰 병인 자아의식과 차별의식에서 오는 상(相)병, 즉 존재에 대한 병을 치료하는 데는 공의 처방 이상은 없습니다. 경에서 '마침내 공으로 돌아간다.'는 말은 깊이 새겨야 할 가르침입니다.

보다 높은 안목으로 바라보면 실로 있는 것은 아무 것도 없습니다. 몸도 마음도 텅 비어 없는 것으로 꿰뚫어 볼 때 인간의 어떤 고통도 다 사라집니다. 어떤 문제도 다 해결됩니다〔照見五蘊皆空 度一切苦厄〕. 필자는 그것을 엑스레이적(的) 안목이라고 부릅니다. 엑스광선으로 사람들의 육신을 보면 지·수·화·풍 그 어느 것도 제대로 존재하지 않습니다. 아름다운 얼굴도 부드러운 살결도 입고 있는 옷도 다 사라집니다. 앙상한 뼈만 있는 듯 없는 듯하여 사람들을 당혹스럽게 합니다. 그것이 공의 안목으로 본 사람의 실상이라고 할 수 있습니다.

반야심경을 위시하여 6백 권의 반야부 경전을 한마디로 요약하면 '나는 없다'가 됩니다. 내가 없을 때 무슨 분노와 고통이 있을 것이며, 무슨 문제가 있을 것입니까. 불교의 소의경전(所依經典)을 금강경으로 하고 아침저녁으로 반야심경을 외며 살아야 하는 이유가 여기에 있습니다. 사람들을 부처님으로 볼 수 있는 것도 실은 '나는 없다' 라는 공의 안목이 바탕에 깔려 있으므로 가능한 것입니다. 교리적으로 볼 때 인불사상은 상종(相宗)에도 앞서고, 공종(空宗)에도 앞서는 성종(性宗) 사상에 해당합니다. 모든 것을 진리로 보고 모든 것을 부처님으로 보기 때문입니다.

제6 수기품(授記品)

강의 수기라는 말은 사람들이 부처님이 된다는 것을 보증한다는 뜻입니다. 앞부분에서는 상품(上品)의 근기라고 하는 사리불이 수기를 받았고, 이 품에서는 중품(中品)의 근기라고 하는 마하가섭과 수보리와 가전연과 목건련 네 사람이 수기를 받습니다.

법화경은 부처님이 열반에 드실 것을 생각하고 교화 말년의 시기에 초점을 맞추어서 결집된 경전으로서 생애 최후의 당부 말씀을 하신 것으로 되어 있습니다. 아끼고 비장해 두었던 가르침이며, 가장 소중한 가르침이라고 하시면서 내리신 법문이 곧 "너희 모두는 부처님이다."라는 것입니다. 그래서 법화경에는 특별히 수기하는 말씀이 많습니다. 뒤의 몇 품이 역시 수기를 설하고 상불경보살품에 이르러서 그 절정에 달합니다.

마하가섭은 부처님이다

경문 이 때 세존께서 여러 대중들에게 이렇게 선언하시었습니다.

"나의 제자인 마하가섭은 오는 세상에서 3백만억 부처님을 받들어 뵙고 공양하며, 공경하며, 존중하며, 찬탄하면서 여러 부처님의 한량없는 큰 법을 널리 펴다가 최후의 몸으로 성불하리라. 이름은 광명(光明)여래·응공·정변지·명행족·선서·세간해·무상사·조어장부·천인사·불·세존이시며, 나라의 이름은 광덕이요, 겁의 이름은 대장엄이라 하리라."

강의 마하가섭(摩訶迦葉)은 의역하면 대음광(大飲光)·대구씨(大龜氏)라고도 하는데 인도 왕사성 마하바드라의 거부였던 브라흐만 미그루다칼파의 아들로서 비팔라 나무 밑에서 출생하였다고 합니다. 흔히 선종의 초조로 알려져 있고 모든 소유물과 마음의 일체 번뇌를 잘 떨쳐버린 사람으로도 이름이 나 있습니다.

부처님이 되리라는 수기를 받는다고 해서 타고난 얼굴과 성격과 사는 모습이 한순간에 달라지는 일은 없습니다. 사리불이나 가섭뿐만 아니라 모든 사람들이 다 같습니다. 흔히 부처님이라면 그 사는 모습이 같고 얼굴도 같고 마음 씀씀이도 같으리라는 생각을 할 수가 있으나 각각 다른 모습 그대로 부처님인 것입니다. 실은 당연히 다른 모습이라야 하고 각각 개성이 다른 부처님이라야 합니다. 그 많은 나뭇잎이 하나도 같은 것이 없고, 그 많은 사람들이 한 사람도 같은 사람이 없는 그대로가 지극히 정상입니다. 천차만별의 삼라만상 이대로가 가장 아름다운 부처님의 나라입니다. 뒤에 이어지는 수많은 수기를 받는 부처님들 또한 반드시 모든 것이 다릅니다. 이 강의의 서두에도 있었듯이 "이 세상 모든 생명 모든 사람들, 마치 아름다운 비단 위에 보석을 뿌려 놓은 듯하다."라고 하였습니다. 모두가 다르고 각각의 특색을 가졌으므로 소중한 것입니다.

목건련 · 수보리 · 가전연도 부처님

경문 이 때 목건련 · 수보리 · 가전연 이 세 사람이 송구한 마음으로 합장하고 존안을 우러러보며 함께 게송으로 말하였습니다.

"세존이 우리의 마음 살피시고
만일 수기를 주신다면,
감로수를 뿌려 열을 식히고

서늘하게 하심과 같으련만,

기근이 든 나라에서 홀연히 왕의 음식을 만났으나

오히려 의구심을 품어 감히 먹지 못하다가

왕이 먹으라는 분부 있으면 그제야 먹듯이

저희도 이와 같아

매양 소승의 허물만 생각하고

어떻게 하면 부처님의 지혜를 얻을지 모르옵더니,

비록 부처님의 말씀 듣사와

우리도 성불하리라 하나,

마음이 오히려 송구하와

감히 임금의 음식을 먹지 못함과 같사오니,

만일 부처님께서 수기 주시면

비로소 그 즐거움 한량없겠나이다."

강의 이렇게 하여 세 사람까지 부처님이라는 수기를 얻기에 이릅니다. 마하가섭이 수기를 받으면 반드시 위의 세 사람들이 그 다음으로 수기를 받을 차례가 되었는데 생각해보니 이제는 자신들이 부처님이라는 그 명확한 사실에서 더 이상 물러설 수 없다는 것을 깨닫고 한편 송구한 마음을 느낍니다. 그러나 알고 있는 사실이지만 부처님의 확실한 보증을 받음으로써 임금의 음식을 당당하게 먹을 수 있는 입장이 되어 그 기쁨이 한량없다고 스스로 술회하고 있습니다. 뒤에 등장할 인물이지만 제바달다까지 결국은 부처님의 스승이라는 수기를 받습니다. 당연한 이야기입니다. 그들이 모두 부처님이라면 이 세상 어떤 사람, 어떤 생명이 부처님이 아니겠습니까. 다만 수기를 주고받는 절차와 형식을 밟아서 이해시키기 위한 것뿐입니다. 그래서 수많은 비유와 인연과 그리고 숱한 장황한 이야기가 필요할 뿐입니다. 모두가 수준이 낮은 하근기(下根機)들을 위한 방편입니다.

선어(禪語)에 백초시불모(百草是佛母)라는 말이 있습니다. 이 세상에 존재하는 삼라만상 모두가 부처님을 생산하는 부처님 어머니라는 말입니다. 모두가 부처님이라는 뜻을 더욱 강하게 표현한 것이지요. 실로 번뇌와 무명이 모두 불성입니다. 사람이야말로 참다운 부처님입니다. 사람 외에 다른 부처님은 없습니다. 뿐만 아니라 삼라만상이 모두 부처님입니다.

제7 화성유품 (化城喩品)

강의 사람들의 평등한 입장을 보면 누구나 다 같으나 차별한 입장을 보면 그 누구도 같은 이가 없습니다. 그래서 불교에서는 근기(根機)라는 말이 있게 된 것입니다. 수기를 하는 데도 상(上)근기는 사리불이었고, 중(中)근기는 가섭과 목건련과 수보리와 가전연이었습니다. 그리고 하(下)근기는 오백제자수기품의 부루나 등 오백 인을 듭니다. 그래서 팔만사천 근기에 팔만사천의 법문이 있게 되었다고 합니다.

법화경에서는 부처님께서 가르침을 설하실 때 법설(法說)이라 해서 순전히 이치만을 말씀하실 때도 있고, 그것을 잘 이해하지 못한다고 생각하시면 비설(譬說)이라 해서 비유로써 이해하기 쉽게 설하시며, 비유를 들어도 그 깊은 뜻을 이해하지 못하면 인연설(因緣說)이라 해서 인연의 사실들을 예로 들어 설하십니다. 법화경은 이 세 가지의 설법 방식에 의하여 어떤 근기의 사람이라 하더라도 다 이해할 수 있도록 가르치신 뛰어난 설법의 기록입니다. 이 경전의 소중함이 여기에도 있습니다. 이 화성유품은 물론 먼 과거에서 현재에 이르는 부처님과 제자들의 인연을 설하시고, 근기의 높고 낮음에 따라 갖가지 임시방편을 이야기할 수밖에 없었다고 밝히신 것입니다. '멀고 험한 길에 보물을 찾으러 가는데 따르는 이들이 피로에 지쳤을 때, 길을 인도하는 사람이 임시방편으로 변화하여 만든 쉴 곳(化城)'을 비유로 든 것이 화성유품의 의미입니다.

대통지승불의 인연

경문 부처님은 여러 비구들에게 이렇게 말씀하셨습니다.

"지나간 옛적 한량없는 아승지겁 전에 부처님이 계셨으니 이름이 대통지승여래시니라. 비구들이여, 그 부처님이 열반하신 지도 매우 오래 되어 역시 한량없는 아승지겁 전의 일인데 내가 여래의 지견으로써 그렇게 오래 된 일을 오늘의 일처럼 보느니라."

강의 경문은 이렇게 대통지승불의 이야기로 시작합니다. 그 부처님이 출가하여 수행을 쌓고 깨달음을 이룬 과정도

128

이야기를 합니다. 그리고 그 부처님이 출가하시기 전에 16명의 아들이 있었으며, 그 첫째 아들 지적(智積)을 비롯하여 모든 아들들이 각각 여러 가지 진귀한 장난감이 있어서 행복한 나날을 보냈습니다. 그러다가 아버지가 부처님이 되셨다는 말을 듣고 자신들도 부처님 곁에 가서 수행을 하였습니다. 16왕자들이 출가하여 아버지인 대통지승불에게 법을 청하여 듣는 이야기도 매우 길게 이어집니다. 수많은 대신들이 법을 청하고 천신(天神)들이 나와서 궁전을 보시하여 법을 청하는 이야기도 읽을 만합니다. 끝에 가서는 16왕자들이 모두 성불한 뒤 팔방의 부처님이 되시고 마지막 16번째 왕자는 곧 자신인 석가모니불이라는 이야기까지 이어집니다. 그리고 이 품의 끝에 가서 화성(化城)의 비유가 등장합니다.

깨달음이란 세상의 빛

경문 부처님이 비구들에게 말씀하셨습니다.

"대통지승불이 최상의 깨달음을 얻었을 때에 시방으로 각각 오백만억 세계가 여섯 가지로 진동하였느니라. 그 세계와 세계의 중간에 있어서 해와 달의 빛이 비치지 않던 캄캄한 곳이 모두 밝아졌느니라. 그 곳의 사람들이 서로 보게 되어 모두들 말하기를 '이곳에 언제 사람들이 생겼는가?' 하였느니라. 그리고 그 세계의 하늘의 궁전들과 범천의 궁전들이 진동하고, 큰 광명이 두루 비치어 세계에 가득하니 천상의 광명보다도 더 밝았느니라."

강의 불교는 깨달음의 종교라고 합니다. 그러나 그 깨달음이라는 것은 지극히 주관적인 체험입니다. 그러므로 다른 사람에게 깨달음을 이해시키기란 매우 어려운 일인데 세상의 빛으로써 매우 가깝게 설명할 수 있습니다. 거의 모든 경전이 세상의 빛으로써 깨달음을 설명하고 있으나 특히 법화경이 매우 뛰어납니다. 대통지승불이 깨달음을 얻었을 때 큰 빛이 있어 세상을 환하게 밝히었습니다. 곁에 사람이 있어도 볼 줄 모르다가 빛을 통하여 곁에 사람이 있었다는 것을 알게 되고 "이 곳에 언제 사람들이 생겼는가?"라는 말을 하였습니다. 깨달음의 눈을 뜨기 전에는 세상에서 사람과 더불어 살고 있어도 제대로 알고 사는 것이 아니라는 뜻입니다.

눈이 있다고 해서 모든 것을 다 보는 것은 아닙니다. 귀가 있다고 해서 모든 것을 다 듣는 것도 아닙니다. 볼 수 있는 안목이 있어야 봅니다. 들을 수 있는 차원의 귀가 있어야 듣습니다. 보통 사물들도 그렇거니와 예술성이 높은 작품을 보는 데는 더욱 그렇습니다. 아름답고 수준 높은 음악을 듣는 일도 그렇습니다.

하물며 인간의 깊은 본성을 제대로 알아보는 일에 있어
서는 깨달음이라는 지혜의 눈이 있어야 인간의 그 높고
고귀한 본성을 봅니다. 깨달음의 안목이 있어야 비로소
허망한 육신 속에서 영원한 생명을 봅니다. 무지몽매하고
어리석고 우치한 인간 속에서 무한한 지혜와 자비를 봅니
다. 법신(法身)이 유전오도(流轉五途)라고 하였습니다. 지
옥이나 아귀로 흘러 다니고 있는 부처님을 보려면 깨달음
의 눈이 있어야 한다는 말입니다. 경전에서 줄곧 광명을
들어 깨달음을 표현하려는 의미가 여기에 있습니다. 대통
지승불이 도를 이루므로 세상에는 빛이 있게 되었고, 그
빛을 통하여 곁에 사람이 있음을 보게 되었다는 경전의
말씀은 참으로 의미심장한 뜻이 있습니다.

부처님이 세상에 오심인가

경문 이 때 그 대중 가운데 구일체(救一切)라는 대범천왕
이 있다가 게송을 설하였습니다.

"우리들의 여러 궁전의 광명은
예전에 보지 못하던 것일세.
이것이 무슨 인연일까.

131

우리가 그 까닭을 찾아보자.

큰 덕을 갖추신 천왕이 나시려는가.

부처님이 세상에 오시려는가.

이 어마어마한 광명이 시방세계에 두루 비치네."

강의 부처님이 세상에 오신다는 말은 대통지승불의 최상의 깨달음을 의미합니다. 앞서의 경문에서 "대통지승불이 최상의 깨달음을 얻었을 때에 시방으로 각각 오백만억 세계가 여섯 가지로 진동하였다. 그 세계와 세계의 중간에 있어서 해와 달의 빛이 비치지 않던 캄캄한 곳이 모두 밝아졌다."라고 하여 깨달음을 빛으로 설명하고 있습니다.

부처님이 오신 날을 기념하여 등불을 밝히는 것도 같은 뜻입니다. 부처님이 오셨다는 것은 곧 깨달음의 진리가 이 세상에 펼쳐졌다는 뜻이며, 대통지승불의 깨달음을 얻은 의미와 동일합니다. 부처님이라는 의미를 가장 분명하고 간단히 설명하는 길은 어둠을 밝히는 빛으로 대신할 수 있기 때문입니다. 그래서 천신들이 빛을 보고 나서, '부처님이 오심인가' 라고 그 의미를 나타내고 있습니다.

부처님의 가르침은 다른 종교의 가르침과 달리 깨달음의 가르침입니다. 즉 깨달은 사람이 깨닫게 하기 위한 가르침일 뿐 그 외에는 다른 의미가 없습니다. '무엇을 깨달는가'라는 것은 명확합니다. 사람이 본래로 부처님이라는 사실을 깨닫는 것입니다(唯一佛乘 無二無三). 사람이 부처님이라는 사실을 깨달았을 때 거기에 따르는 설명은 매우 길어집니다. 어쩌면 무수한 겁을 설명하여도 다 할 수 없을 것입니다. 그만큼 깨달음에는 무량한 의미가 담겨 있기 때문입니다.

세상의 빛이 어째서 깨달음의 지혜를 설명할 수 있는가? 빛이란 모든 어두움을 없애고 사물을 명확하게 볼 수 있게 합니다. 빛이 없으면 금은보화가 세상에 널려 있어도 볼 수 없습니다. 보물이 쌓여 있는 곳에 갔어도 아무런 이익이 없습니다. 그리고 빛이 없으면 길을 가는 데 어려움이 많습니다. 벽에 부딪칠 수도 있고 낭떠러지에 떨어질 수도 있습니다.

어둑어둑한 밤길을 가다가 길 가에 서 있는 비석을 오인하여 강도로 알고 갑자기 도망을 가는 바람에 낭떠러지에 떨어질 수도 있습니다. 이렇듯 빛이 없는 어둠 속에서는 자칫하면 큰 상처를 입을 수도 있고, 잘못하면 생명을 잃을 수도 있습니다. 또 어두운 밤길에 새끼토막을 큰 뱀으로 잘못 알고 도망을 가다가 넘어져서 크게 다칠 수도 있습니다. 그래서 상처를 입고 피투성이가 됩니다. 빛이 없으므로 이처럼 소득이 있는 곳에서 소득을 잃을 수도

133

있고, 평탄한 길에서도 상처를 받을 수 있는 것처럼, 인생에 있어서도 깨달음의 지혜가 없으면 인생의 소중함을 알지 못하여 행복을 누리지 못합니다.

이처럼 깨달음의 지혜가 없으면 하루 하루의 삶의 여정에서 수많은 고통과 상처를 받으며 살게 될 뿐입니다. 그래서 불교에서는 끊임없이 깨달음의 지혜를 강조하며, 깨달음을 상징하는 뜻에서 등불을 밝히는 일을 그토록 권장합니다. 무엇보다도 옆에, 또 사람들이 있다는 사실을 깨닫고 나 아닌 사람들을 배려하며 사는 눈을 가질 수 있게 되었다는 의미로서 경전의 "이 곳에 언제 사람들이 있었는가."라는 표현은 천고에 빛나는 말씀이라 할 수 있습니다.

깨달은 사람에게는 공양하여 마땅하다

경문 이 때 범천왕들이 꽃바구니에 하늘 꽃을 가득 담아 가지고 서쪽으로 함께 가서 이 상서를 찾다가 바라보니, 대통지승여래가 도량에서 보리수 아래 사자좌에 앉으셨습니다. 온갖 대중들이 공경하여 둘러 모셨으며, 16왕자들이 부처님께 법을 청하는 것을 보았습니다. 범천왕들은 부처님께 예배하며 백천 번을 돌고 꽃을 부처님께 뿌려 공양하였습니다. 보리수에도 꽃을 공양하였습니다. 꽃 공양을 올린 뒤 그들의 궁전도 부처님께 받들어 공양하며 이렇게 말하였습니다.

"저희들을 어여삐 여기시며 이롭게 하시사 저희들의 이 궁전을 받으시옵소서." 하며 다시 게송으로 부처님을 찬탄하였습니다.

강의 공양이라는 말은 본래로 부처님께 여러 가지 사물을 바치는 일을 일컫습니다. 그러나 보통 사람들의 사이에서도 곧잘 공양이라는 말을 쓰고 있습니다. 그것은 그 보통 사람들도 실은 모두 깨달으신 부처님과 조금도 차이가 없는 위대하고 존귀한 부처님이라는 뜻입니다. 그러므로 모든 사람들은 부처님같이 공양을 받아 마땅하다는 뜻입니다. 이처럼 불교에서 흔히 쓰는 공양이라는 낱말 하나에도 인불사상이 배어 있다는 사실을 알아야 합니다. 본래로 부처님이기 때문에 부처님이라는 사실을 깨닫는 것은 시간문제일 뿐입니다. 대통지승불께 부처님으로 공양을 올린다면 모든 사람들에게도 역시 부처님으로 공양을 올려야 합니다.

인간의 삶은 더욱 아름답고 행복해

대통지승불이 정각을 이루시니 국왕 대신들과 16왕자와 시방으로 각각 오백만 억 범천왕들이 돌아가면서 부처님께 예경을 올리고 꽃과 궁전으로써 공양한 뒤 게송으로써 법을 청하였습니다. 법을 청하는 내용들을 잠깐 살펴보면 "한량없이 오랜 세월을 부처님 없이 지냈으니 세존께서 오시기 전에 시방세계가 항상 캄캄하였네." "부처님의 광명으로 저희들의 모든 궁전이 더욱 아름답습니다. 지금 세존께 바치오니 바라옵건대 받아주소서. 이 모든 공덕 일체 중생에게 돌아가 우리 모두 다 함께 성불하여지이다."

원이차공덕(願以此功德)으로 시작하는 그 유명한 회향 게송도 여기에 있습니다. 무엇보다도 "부처님이 오시기전에 세상은 항상 캄캄하였네."라는 구절은 너무나 감격하여 가슴이 미어지는 것을 느낍니다. 부처님의 가르침이 없는 세상은 어둠의 삶이요, 어리석음의 인생입니다. 부처님의 지혜광명이 있으므로 인간의 삶이 더욱 아름답고 행복할 수 있다는 뜻은 모든 불자들이 눈물로써 마음에 새겨야 할 가르침입니다.

일불승(一佛乘)만 열반을 얻는다

경문 "비구들이여, 세상에는 이승으로는 열반(涅槃)을 얻을 수 없고 다만 일불승으로만 열반을 얻느니라. 여래는 방편으로 중생들의 성품에 맞추어 열반이라고 말하는 것을 그들은 그대로 믿고 받아 지니느니라.

비유하자면, 오백 유순이나 되는 먼길에 험난하고 인적마저 끊어진 무서운 곳, 그 곳을 지나 보물이 있는 장소로 가고자 여러 사람들을 데리고 통과하고 있었느니라. 사람들은 이미 극도로 피로하고 무서운 마음까지 생겨 다시 되돌아가고자 하였느니라. 그러자 인솔자는 이런 생각을 하였느니라.

'이 사람들은 참으로 딱하구나, 어찌하여 큰 보물을 구하지 않고 물러 가려 하는가.'

그래서 얼마 안 가서 한 도성을 가짜로 변화하여 만들어 놓고 이렇게 말했느니라.

'그대들은 무서워 말고 돌아가지도 말라. 저기 큰 도성이 있으니 거기 가서 마음대로 즐기고 편안히 살 수도 있다. 앞으로 얼마 안 가면 보물이 있는 곳에도 갈 수 있다.'

이렇게 하여 인솔자는 사람들을 잠깐 쉬게 하고 피로도 풀게 한 뒤, '그대들은 앞으로 나아가자. 보물이 있는 곳이 멀지 않다. 아까 있던 도성은 내가 조화로 만든 가짜다. 임시로 쉬어가기 위한 것이었다.'고 하였느니라.

이처럼 부처님은 사람들의 마음이 겁약하고 용렬함을 아시고, 방편을 써서 중도에서 쉬게 하기 위하여 이승(二乘)과 삼승(三乘)의 열반을 거짓으로 말하였느니라."

그리고는 또 말씀하시기를, "너희들은 할 일을 아직 다하지 못하였으며, 너희가 머무는 곳은 부처님의 지혜에 가까울 뿐이니라. 잘 관찰하라. 얻었다는 열반은 진실이 아니요, 다만 여래가 방편으로 일불승에서 분별하여 삼승을 말한 것뿐이니라. 마치 저 인솔자가 쉬어가기 위하여 거짓으로 만든 도성과 같으니라."라고 하셨습니다.

강의 불교의 경전은 매우 길고 말이 많으나 한마디로 요약할 수 있는 것이 또한 불교경전의 특징입니다. 예컨대 화엄경은 통만법(統萬法) 명일심(明一心)이라 하여 일체 만유를 통괄하여 하나의 마음을 드러내 밝힌다는 뜻으로서 화엄경의 그 심오하고 광대한 뜻이 상당히 잘 드러나 있습니다.

금강경은 '파이집(破二執) 현삼공(現三空)'이라 하여 나 자신에 대한 집착과 그 외의 다른 사람, 다른 사물들에 대한 집착들을 깨트리고 나 자신도 텅 비었고, 다른 사람과 다른 사물들과 그 외의 모든 것들이 텅 비어 없다는 진실을 드러내는 가르침이라고 요약합니다.

법화경의 대지(大旨)를 한마디로 표현하면 예로부터 회삼귀일(會三歸一)이라 합니다. 즉 온갖 방편으로 나열한 삼승, 사과(四果), 오십이위(五十二位), 점차(漸次) 등 일체 단계를 모두 모아서 오직 하나만이 진실인 불승(佛乘)에 귀착이 된다는 뜻입니다. 법화경은 부처님이 열반을 앞둔 최후의 가르침이기 때문에 그 동안의 말은 모두 거짓 방편이었음을 고백하고 진실을 밝히는 것에 주안점을 두고 있습니다.

그래서 전편을 통하여 여러 번 진실은 오직 일불승, 즉 "사람이 부처님일 뿐이다."라고 반복하여 말씀하시고, 거짓으로 조작하여 만든 도성의 비유라는 유명한 비유를 남기게 된 것입니다. 이 화성유품을 잘 이해하면 불교의 모든 교리들의 높고 낮음과 궁극의 가르침이 무엇이라는 것을 명확하게 알 수 있으리라 생각합니다. 그리고 사람이 부처님이요, 그 외에는 다른 일이 없다는 말씀에 확신을 가질 수 있을 것입니다.

제8 오백제자수기품 (五百弟子授記品)

수행이란 번뇌의 정복

강의 오백제자수기품이란 부루나 미다라니자를 위시하여 오백 명의 부처님 제자들이 부처님이라는 수기를 받는다는 내용입니다. 앞에서는 한 사람 한 사람씩 수기를 주고 다시 이 품에서도 부루나와 그리고 교진여를 따로 수기를 주십니다. 그런 뒤에 오백 명을 한꺼번에 다같이 보명(普明)이라는 불명(佛名)으로 부처님이라는 수기를 주는 이야기가 나옵니다.

법화경은 부처님께서 열반에 드실 것을 염두에 두고 최후의 가르침으로서의 내용이 어떠해야 하는가를 보여주고 있습니다. 다름 아닌 가장 중요하고 가장 높은 법을 설하시고, 비장해 두었던 법을, 그리고 유언과 같은 법을 설해야 하는 입장을 보여주고 있습니다. 그러므로 법화경의 가르침은 불교의 마지막 총 결론이라고 할 만합니다. 불교의 마지막 총 결론이란 곧 '사람이 부처님이다' 라는 말입니다. 그래서 모든 제자들에게 부처님이라는 수기를 주는 설법이 법화경 전편에 흐르고 있습니다. 법화경을 꿰뚫어 볼 줄 아는 법화행자라면 당연히 그렇게 볼 것입니다.

경문 그 때에 부루나 미다라니자가 부처님께서 지혜와 방편으로 마땅하게 법을 말씀하심을 들었습니다. 또 여러 큰 제자들에게 최상의 깨달음을 얻으리라는 수기 주심을 들었고, 또 지난 세상의 인연을 말씀하심을 들었습니다. 또 부처님들이 크게 자재하신 신통한 힘을 가지었음을 들었습니다. 그래서 이러한 생각을 하였습니다.

'세존은 매우 특별하시고 하시는 일이 희유하며 세간의 여러 가지 성품을 따라 방편과 지견으로 법을 말씀하여 가는 곳마다 탐하고 집착함에서 빼내어 주나니, 우리는 부처님의 공덕을 이루 다 말할 수 없거니와, 오직 부처님 세존께서는 우리의 깊은 마음으로 소원함을 아시리라.' 라고.

강의 위의 경문에서는 부루나가 부처님께 귀의한 이후 최후로 부처님이라는 수기를 받는 일을 앞두고 그 동안 듣고 보고 깨달은 이야기를 간단하게 정리하여 말하고 있습니다. 그리고 인간으로서의 가장 문제가 되는 탐욕과 집착 등의 번뇌를 제거할 수 있었던 것에 대하여도 말하고 있습니다.

부처님께 귀의하여 불교를 믿고 공부하는 과정에서 일반적으로 우리들 자신에게서 가장 먼저 해결해야 할 문제를 든다면 부루나의 말처럼 당연히 탐욕과 집착 등 번뇌의 문제가 될 것입니다. 법화경이 아닌 일반불교에서는 번뇌가 있으면 반드시 그 번뇌를 제거해야 하는 것을 중대한 과제로 여깁니다.

그래서 번뇌에 대한 교설이 대단히 많은 것도 사실이며, 인간으로서의 삶에 대해서 구사(俱舍)나 유식학(唯識學)적 입장에서 살펴볼 때 번뇌의 제거는 대단히 중요한 일입니다. 삼귀의문에는 부처님의 가르침을 한마디로 요약해서 '귀의법(歸依法) 이욕존(離欲尊)', 즉 탐욕을 떠나는 것으로 표현하고 있습니다. 그처럼 탐욕을 위시한 온갖 번뇌를 제거하는 것을 수행의 목표로 삼고 있다는 의미입니다.

그리고 불교를 높은 차원에서 공허하기만한 입장을 떠나 사람들의 실제생활에서 냉정하게 살펴본다면, 이 번뇌라는 문제를 해결하지 못하고는 수행의 종교라고 주장할 수가 없는 것도 사실입니다. 불교의 종교로서의 특징은 수행에 있다는 것은 자타가 공인하는 사실입니다. 그런데 온갖 탐욕과 집착을 버리지 못하고 수행과는 거리가 먼 모습만을 보인다면 사실 불교는 종교로서 그 가치를 상실한 것이나 다를 바 없습니다. 불교가 어떤 이론에 있지 않고 실천 수행에 그 가치를 둔다면 더욱 그렇습니다.

실로 인간의 삶의 문제에 있어서 가장 중요한 것은 번뇌의 문제이며, 불교수행의 입장에서라면 더욱 그렇습니다. 사람의 삶 전체가 번뇌의 시달림으로 일관되어 있으며 불교수행이라는 것 역시 번뇌와의 싸움이 전부라고 할 수 있습니다. 수행의 목적은 번뇌의 극복 내지 정복이라고 하겠습니다. '귀의법 이욕존'이라는 말, 즉 욕심을 떠나는 존귀하신 가르침에 이 몸 바쳐 귀의한다는 것이 그것을 잘 나타내고 있습니다.

부처님의 가르침은 욕심을 떠나는 것

앞에서 번뇌의 문제를 강의하다가 미진한 부분이 많아서 이어서 좀 더 이야기하려고 합니다. 실로 번뇌란 부처님의 가르침 중에서 가장 유의해서 공부해야 할 내용입니다. 다시 한번 말씀드리지만 삼귀의 중에 '귀의법 이욕존'이라 하여 부처님의 수많은 가르침 중에서 탐욕심을 위시한 온갖 번뇌를 떠나는 것을 그 대표로 하고 있기 때문입니다. 그리고 탐욕심은 모든 번뇌의 대표입니다.

경문 부루나는 이렇게 생각하였습니다.

'세존은 매우 특별하시고 하시는 일이 희유하며 세간의 여러 가지 성품을 따라 방편과 지견으로 법을 말씀하여 가는 곳마다 탐하고 집착함에서 빼내어 주나니, 우리는 부처님의 공덕을 이루 다 말할 수 없거니와, 오직 부처님 세존께서는 우리의 깊은 마음으로 소원함을 아시리라.'

그 때 부처님은 비구들에게 이르셨습니다.

"너희는 이 부루나를 보느냐? 그는 불국토를 청정히 하기 위해 항상 부지런히 정진하며, 중생들을 교화하여 점차 보살도를 갖춘 다음 한량없는 아승지 겁을 지나서 마땅히 이 땅에서 최상의 깨달음을 이루리라. 이름은 법명여래, 응공, 정변지, 명행족, 선서, 세간해, 무상사, 조어장부, 천인사, 불, 세존이라 하리라."

강의 이렇게 하여 부루나도 실명을 거론하며 부처님이라는 수기를 받기에 이릅니다. 사실 실명을 거론하는 것은 크게 의미가 없으나 형식을 취하여 다른 사람들의 수기를 이끌어 내는 것입니다. 뒤에 가서는 5백 명의 제자들에게 동시에 보명여래라는 같은 이름으로 수기를 줍니다. 상불경보살은 예배를 하는 것으로써 모든 사람들이 부처님이라는 수기를 주기에 이릅니다.

『임제록』에 이런 말이 있습니다. "어떤 수행자가 오대산에 가서 문수보살을 친견하려고 한다면 이는 벌써 자신을 그르친 꼴이 되고 만다. 오대산에는 문수보살이 없다. 그대들은 진정 문수보살을 만나고 싶은가? 그렇다면 그대들의 눈앞에서 작용하고, 처음부터 끝까지 다르지도 않고 공간적으로는 도처에 의심할 곳 없이 작용하는 자가 바로 살아있는 문수보살인 것이다."

"오대산에는 문수보살이 없다. 문수보살을 찾으러 가는 당신이야말로 진정 살아있는 참 문수다."

이 얼마나 통쾌한 설법입니까. 사람이 곧 부처님이라는 사실을 이처럼 명료하게 지적하여 가르치신 어록도 드물 것입니다. 법화경에서 장황하게 인연과 비유를 이끌어서 고구정녕하게 설명하는 것과는 참으로 그 맛이 다릅니다. 그러나 궁극적으로 사람이 부처님이라는 그 한결같은 사상에는 변함이 없습니다. 부처님과 조사들이 똑같은 생각이며, 같은 눈을 가지셨습니다.

앞서 말했듯이 부루나가 불교에 귀의해서 부처님의 법을 듣고 수행한 결과를 '탐하고 집착함에서 벗어난 것'을 들고 있습니다. 그렇습니다. 불교를 믿고 수행하여 조금이라도 달라진 것이 있다면 그것은 탐하고 집착하는 번뇌가 얼마나 제거되었는가의 문제입니다. 번뇌가 얼마나 제거되어서 일상생활에서 마음에 거슬리는 역경계(逆境界)나 또는 마음을 유혹하는 순경계(順境界)를 만났을 때 얼마나 흔들리지 않고 평온한 삶을 유지할 수 있는가가 최대의 과제입니다.

자신을 비방하고 헐뜯거나, 모함하거나, 음해(陰害)하거나, 비난하는 것을 당하고도 마음이 상하지 않고 기분이 전혀 나쁘지 않아야 공부가 조금 되었다고 할 수 있습니다. 그리고 자신에게나 자신과 가까운 사람에게 명예나 재산상에 손해를 보이거나, 불이익을 입히거나 하는 역경계를 당하고도 전혀 마음이 상하지 않아야 비로소 불교인이라 할 수 있습니다.

그리고 자신에게 재산상으로 이익이 돌아가는 일이나, 마음에 드는 명예를 얻거나, 칭찬을 받거나, 공덕을 찬탄하거나, 잘한 일을 높이 칭찬하는 순경계를 당하고도 전혀 마음이 흔들리지 않아야 수행자라 할 수 있고 불교인이라 할 수 있습니다.

불교라는 환경 속에서 수백 년을 살더라도 경계를 만나서 조금도 달라진 것이 없다면 불교는 저 스스로 불교이고 나는 나 스스로의 나일 뿐 서로는 아무런 관계가 없습니다. 결코 불교인이 아닙니다. 살불살조(殺佛殺祖)를 하고 활불활조(活佛活祖)를 하는 고담준론(高談峻論)을 늘어

놓더라도 그것은 모두 사기요, 거짓일 뿐입니다.

불교에서 말하는 번뇌를 흔히 백팔번뇌, 또는 팔만사천 번뇌라고 하여 무한히 많은 것을 말하지만 10가지 근본 번뇌와 20가지 근본번뇌에 따라서 일어나는 수(隨)번뇌 를 둡니다.

첫째, 재물과 이성(異性)과 먹고 마실 거리와 명예와 잠 자는 일 등 마음에 드는 온갖 것을 욕구하면서 집착하고 탐하는 마음입니다. 사람들의 욕심은 끝이 없습니다. 많 은 것을 손에 넣어도 그 이상을 바라면서 더욱 더 탐합니 다. 탐하는 마음이 강해지면 상대를 누르고 음해를 하며 수단과 방법을 가리지 않고 손에 넣고자 합니다.

둘째, 자신의 마음에 들지 않으면 설령 그것이 좋은 것 이라 해도 화를 내는 마음입니다. 진심(瞋心)은 맹렬한 불 꽃보다 심하며, 공덕을 빼앗는 도적으로 성냄을 능가하는 것이 없다고 합니다.

셋째, 어리석은 마음으로서 다른 이름으로 무명(無明)이 라고도 합니다. 모든 사물의 이치에 어두운 어리석은 마 음이란 여러 가지 요소로 거짓 화합된 몸인데 실체로서 존재한다고 생각한다든지, 몸이나 재산이나 명예나 사람 과의 관계나 모든 것이 인연이 있을 때 함께 하다가 인연 이 다하면 흩어진다는 사실을 모르는 어리석은 마음 때문에 고통을 받는 일입니다. 그 외에도 교만한 마음과 의심하는 마음과 잘못된 소견들과 분과 한과 자신의 잘못을 은폐하는 일입니다. 남의 이익과 행복을 시기 질투하는 마음과 아끼는 마음 등등 스스로 사람이고자 한다면 반드시 제거하고 떨어버려야 할 번뇌들입니다. 스스로 불교인이며 수행자라고 한다면 무엇보다 우선적으로 해결해야 할 과제가 부루나처럼 탐욕과 집착 등의 온갖 번뇌를 제거하는 일입니다.

사람은 본래 무가보(無價寶)의 부처님

오백제자수기품에는 법화칠유(法華七喩) 중에서 다섯 번째에 해당하는 의리계주유(衣裏繫珠喩)라는 비유가 있습니다. 제자들이 그 동안 알고 있던 열반은 진정한 열반이 아니라는 사실을 깨닫고 나서, 일불승(一佛乘), 즉 사람은 오로지 한결같은 부처님이므로 다른 차원으로 살지 말고 본래로 갖추고 있는 부처님이라는 보배를 수용하면서 살아야 한다는 것을 비유한 내용입니다.

경문 그 때 5백 명의 아라한들이 부처님 앞에서 수기를 받고 뛸 듯이 기뻐하며 곧 자리에서 일어나 부처님 발에 예배하고 참회하면서 말하였습니다.

"저희들이 수기를 받고 환희하여 부처님께 예배하고 모든 허물을 뉘우칩니다. 부처님이라는 한량없는 보물 가운데서 작은 열반을 얻고서는 어리석게 만족하였나이다.

비유하자면, 가난한 사람이 친구 집에 가니 그 집은 매우 부유하여 진수성찬으로 대접하고 무가보(無價寶)의 구슬을 잠이 든 사이에 옷 속에 넣어주고 새벽에 일찍 떠났나이다. 그 사람은 잠이 들어 알지 못하고 일어나서 예전처럼 객지로 떠돌면서 옷과 밥을 구걸하였습니다. 어려움이 극심하여 조금만 얻어도 만족해하고는 더 이상 좋은 것을 바라지 않고 옷 속의 무가보는 있는 줄도 몰랐습니다.

뒷날 보배구슬을 넣어준 친구가 이 가난한 친구를 만나 간곡하게 책망하며 넣어준 구슬을 보였습니다. 그 사람은 크게 환희하고 부자가 되어 많은 재물로써 즐거움을 누렸습니다.

저희도 이와 같아서 세존께서 오랜 세월 항상 불쌍히 보고 교화하시어 일불승이라는 최상의 서원을 심게 하셨으나 저희가 무지하여 깨닫지도 알지도 못하여 작은 열반을 나누어 얻고서는 만족히 여겨 더 구하지 아니하였습니다. 이제 부처님께서 저희들을 깨우치시어 이것은 참된 열반이 아니니 부처님의 최상의 지혜를 얻어야 진실한 열반이라고 말씀하셨습니다. 저희는 이제 부처님께서 수기

149

하시는 장엄한 일과 차례차례 있을 수기에 대하여 듣고 몸과 마음이 크게 환희하옵니다."

강의 이 비유에서 가난한 사람은 중생을 뜻하고, 부자는 부처님을 뜻합니다. 무가보는 사람이 부처님이라는 일불 승의 이치를 뜻하는데 그 무가보를 모른 채 밥이나 옷을 구걸하는 작은 소득에 만족한다는 것은 불교를 믿으면서 불교의 참 뜻은 전혀 생각하지 않고 집안이나 가족들에게 어려운 일이 생기면 그 일을 해결하기 위해서 기도나 불공을 올리는 것으로 불교의 전부라고 생각하는 경우와 같습니다. 자신이 실은 부처님인데 못난 중생이라고 생각하거나, 성문이나 연각이라고 생각하는 것과 같습니다.

한비자(韓非子) 화씨편(和氏篇)에 다음의 이야기가 나옵니다. 중국 전국시대 때, 초(楚)나라에 화씨(和氏)라는 사람이 있었는데, 그는 옥을 감정하는 사람이었습니다. 그가 초산(楚山)에서 옥돌을 발견하여 여왕에게 바쳤습니다. 여왕이 옥을 다듬는 사람에게 감정하게 하였더니, 보통 돌이라고 했습니다. 여왕은 화씨가 자기를 속이려 했다고 생각하여 발뒤꿈치를 자르는 월형에 처해 그는 왼쪽 발을 잘렸습니다. 여왕이 죽고 무왕(武王)이 즉위하자, 화씨는 또 그 옥돌을 무왕에게 바쳤습니다. 무왕이 옥을 감정시켜보니 역시 보통 돌이라고 하는 것이었습니다. 그러자 무왕 역시 화씨가 자기를 속이려 했다고 생각하고는 오른쪽 발을 자르게 하였습니다.

무왕이 죽고 문왕(文王)이 즉위하자, 화씨는 초산 아래에서 그 옥돌을 끌어안고 사흘 밤낮을 울었습니다. 나중에는 눈물이 말라 피가 흘렀습니다. 문왕이 이 소식을 듣고 사람을 시켜 그를 불러 "천하에 발 잘리는 형벌을 받은 자가 많은데, 어찌 그리 슬피 우느냐?"고 까닭을 물었습니다.

화씨가 "나는 발을 잘려서 슬퍼하는 것이 아닙니다. 보옥(寶玉)을 돌이라 하고, 곧은 선비에게 거짓말을 했다고 하여 벌을 준 것이 슬픈 것입니다."라고 말했습니다.

이에 문왕이 그 옥돌을 다듬게 하니 천하에 둘도 없는 명옥이 모습을 드러냈습니다. 그리하여 이 명옥을 그의 이름을 따서 '화씨지벽(和氏之璧)'이라고 이름하게 되었습니다.

그 후 이 화씨지벽은 조(趙)나라 혜문왕(惠文王)의 손에 들어갔는데, 진(秦)나라 소양왕(昭襄王)이 이를 탐내 15개의 성(城)과 맞바꾸자고 하는 바람에 양국간에 갈등이 조성되기도 했습니다. 이에 연유하여 화씨지벽은 '연성지벽(連城之璧)'이라고도 불렸습니다.

인간의 진정한 가치를 모르는 것은 마치 보옥(寶玉)을 하찮은 돌로 오인하는 일과도 같습니다. 사람의 가치는 경전의 말씀처럼 무엇과도 바꿀 수 없는 무가보입니다. 그러나 사람들은 그 무가보인 사람의 진정한 가치를 모르고 하찮은 존재로 여기고 맙니다. 수억만금의 가치가 나가는 보물을 두고 거지가 되어 구걸생활을 하는 것과 꼭 같습니다. 부처님은 그와 같은 가치를 몰라주는 중생들을 생각하면서 오늘도 피눈물을 흘리고 있을지 모릅니다. 사람은 부처님입니다. 하루 빨리 부처님으로서의 가치를 발견해서 부처님으로 당당하게 살아야 할 것입니다.

그리고 경전에서는 성문과 연각의 삶을 꾸짖고 있으나 성문과 연각은 고사하고 자신이 당당한 부처님인데도 그 사실은 잊어버리고 작은 명예나 이익에 눈이 멀어 온갖 지옥의 업을 지으면서 업을 짓는 줄도 모르고 불교에 누를 끼치는 일도 허다합니다. 심지어 불교의 가장 기본적인 상식인 인연과보(因緣果報)의 도리까지도 전혀 생각하지 않습니다. 오직 자신의 욕심을 채우기 위해서 부처님의 재산을 사유화하느라고 밤낮 없이 혈안이 되어 있습니다. 그러한 삶을 살면서 불제자가 된 큰 소득이라고 생각하는 사람들도 적지 않습니다. 작금의 불교계에서 일어나고 있는 일들을 살펴보면 인과를 믿는 최소한의 불교상식마저 사라진 지도 오랩니다. 어찌 성문과 연각을 논할 수 있겠습니까. 성문이나 연각을 논하기가 부끄러운 일입니다.

이 법화경의 가르침이 하루빨리 우리 나라의 불제자들에게 깊이 이해되고 법화경의 이치를 실천하며 사는 풍토가 이루어지지 않고는 한국의 불교는 구제의 길이 없습니다. 인과의 도리는 인천인과교(人天因果教)라고 하여 실은 불교 안에도 들어가지 못하는 저급한 가르침이지만 인과만이라도 믿고 실천하는 한국의 불제자가 되었으면 하는 마음 간절할 뿐입니다.

제9 수학무학인기품(授學無學人記品)

아난과 라후라와의 인연

강의 이 품에서도 역시 품명이 그렇듯이 '사람이 부처님
이다.'라는 수기를 주시는 내용입니다. 먼저 아난 존자가
수기를 받고 다음으로 부처님의 아들인 라후라가 수기를
받습니다. 그리고 또 2천 명이나 되는 제자들이 수기를
받습니다. 품명에 의하면 아직은 한참 공부를 하고 있는
사람들[學]과 더 이상 공부를 할 것이 없는 사람들[無學]
이라는 말이 있습니다. 뒤에「상불경보살품」에 이르면 공
부를 하거나 하지 않거나, 불교를 믿거나 믿지 않거나, 선
한 사람이거나 악한 사람이거나 아무런 차별 없이 모든
사람들을 다같이 수기를 주는 내용이 있습니다.

　이와 같이 법화경은 부처님께서 비장해두었던 최상의
가르침인 '사람이 부처님이다'라는 사상을 선포하기 위
해서 설해졌습니다. 하루 빨리 부처님임을 자각하여 소소

한 일에 연연하지 말고 부처님으로서 당당하고 자유롭고, 청정하고 유유자적하는 삶을 살아야 할 것입니다.

경문 이 때 부처님이 아난에게 말씀하였습니다.

"그대는 오는 세상에 부처를 이루어 이름을 산해혜자재 통왕(山海慧自在通王) 여래라 하리라. 마땅히 62억 부처님 께 공양하며 가르침〔法藏〕을 수호한 연후에 최상의 깨달 음을 얻을 것이니라."

"선남자들아, 내가 아난과 함께 공왕(空王)이라는 부처 님 계신 데서 동시에 최상의 깨달음에 대한 마음을 내었 느니라. 그런데 아난은 항상 많이 듣기를 좋아하였고, 나 는 부지런히 정진하였으므로 나는 이미 최상의 깨달음을 이루었느니라. 아난은 나의 가르침을 수호하고 장차 오는 세상의 여러 부처님들의 가르침도 수호하면서 많은 보살 들을 교화하여 성취케 하리라. 그의 본래의 서원이 그러 하므로 이런 수기를 받느니라."

강의 부처님의 10대 제자 중 아난 존자는 카필라 성 석가 족 출신으로, 부처님의 사촌동생〔從弟〕입니다. 석가모니 부처님께서 성도하시고 20년이 지난 후 당시 아난의 나 이 30세에 카필라 성 밖의 이구율 숲에서 설법을 듣고 부처님의 시자가 되었습니다. 이 때부터 20년간 부처님을 가장 가까이에서 모시며, 설법의 말씀을 들은 대로 모두 기억하여 부처님 열반 후 경전을 결집하는 데 주도적인 역할을 했습니다. 그의 공덕으로 오늘날 경전이 세상에 전하게 되었다고 합니다. 이러한 깊은 인연과 공덕을 이런 기회에 분명하게 밝혀두고자 하는 것이 경전 결집인의 견딜 수 없는 충정일 것입니다.

경문 그 때 부처님이 라후라에게 말씀하였습니다. "너는 오는 세상에 부처가 되어 이름을 도칠보화(蹈七寶華)여래라 하리라. 마땅히 열 세계의 티끌 수같이 많은 부처님께 공양하면서 여러 부처님의 장자가 되리니 지금 나의 장자가 된 것과 같으리라."

강의 부처님의 아들 라후라에게도 따로 이름을 들면서 수기를 주시는 장면입니다. 부처님이 출가하시기 2년 전쯤에 출생하였으며, 부처님 성도 후 7년 만에 카필라 성에 갔을 때 부처님을 뵙고 사리불을 스승으로 목련을 아사리로 하여 출가하니 이 때 나이가 15세였습니다. 교단의 최초의 사미였다고 합니다.

수기가 없어도 부처님이다

제13 권지품에는 "내가 먼저 전체적으로 모든 성문에게 다 수기(授記)한다고 설명하였는데 그래도 이제 그대가 수기 받음을 분명히 알려 한다면"이라고 하시면서, 부처님을 키워준 마하파사파제 비구니와 부처님의 부인인 야수다라까지 수기를 받는 장면이 있습니다. 굳이 아난과 라후라의 실명을 거론하면서까지 수기를 주는 것은 역시 이 경전을 편찬한 편찬자의 인간적인 마음을 읽을 수 있는 부분입니다. 그러므로 실명을 거론하여 수기를 주는 일이 특별한 의미가 없다는 사실을 독자는 알아야 합니다. 실명을 거론하는 사람만 부처님이고 그렇지 않은 이는 부처님이 아니라고 한다면 부처님의 법이 편협하기가 세속의 인정보다도 못할 것입니다. 그런 이치는 있을 수 없다는 확신을 가져야 합니다.

그리고 이 품의 경문은 한참 배우는 이들과 거의 다 배운 이들 2천 명을 동시에 수기하는 내용으로 이어집니다. 전혀 누구의 이름도 거론하는 일이 없이 2천 명 모두를 동시에 부처님이라고 수기하는 것을 보더라도 분명한 사실입니다.

경을 잠깐 인용하면, "그 때 세존께서 학(學)과 무학(無學) 2천 명을 보시니 그 뜻이 유연하고 고요하며, 또 청정

157

하여 일심으로 부처님을 우러러 보는지라, 부처님은 아난에게 이르셨다. '너는 이 학, 무학 2천 명을 보느냐?' '예 보나이다.' '아난아, 이 사람들은 오십 세계 미진수의 부처님을 공양하고 공경하며 법장을 수호해 지닌 후, 중생으로서 최후의 몸을 받을 때 동시에 시방 국토에서 각각 성불하리라. 이름은 다 같이 보상(寶相)여래, 응공, 정변지, 명행족, 선서, 세간해, 무상사, 조어장부, 천인사, 불, 세존이라 하리라. 수명은 1겁이요, 국토의 장엄한 모양과 성문과 보살과 정법과 상법의 기간은 모두 같으리라.'"라고 하였습니다.

여러 번 이야기하는 내용이지만, 이와 같이 경전은 수기합니다. 그러므로 특별히 구체적인 이름을 들어 수기하지 않더라도 모든 생명, 모든 사람들이 본래로 부처님이라는 사실을 일깨워 주고자 하신 것이 부처님의 참 뜻입니다. 독자들은 그러한 속뜻을 읽어야 경을 보는 눈, 즉 경안(經眼)이 갖춰진 것이라고 할 수 있습니다. 불교의 경전을 읽는 데는 무엇보다 이 경안이 있어야 합니다. 조석 예불 때 하는 축원문에 '간경자(看經者) 혜안통투(慧眼通透)'라는 말이 있습니다. 사찰에서는 자나깨나 경을 보는 안목인 지혜의 눈이 열리기를 축원합니다. 경안이 열리지 않으면 아무리 경을 보아도 글자만 좇아갈 뿐 그 깊은 뜻은 알 수 없기 때문에 옛 조사들이 축원을 통하여 간절히 바라게 한 것입니다.

　진실로 모든 생명, 모든 사람들이 부처님입니다. 모든 생명, 모든 사람들을 부처님으로 받들어 섬기면 나도 행복하고 그도 행복합니다. 세상이 모두 행복합니다. 진정한 인류의 평화는 모든 생명, 모든 사람들을 부처님으로 받들어 섬겨야만 이루어집니다. 생명들과 사람들을 부처님으로 받들어 섬기지 않고는 그 어떤 노력도 평화와 행복을 가져오지는 못합니다. 진정 인류의 평화를 위한다면, 참으로 인류의 행복을 위한다면 지금부터라도 모든 일을 멈추고 사람들을 부처님으로 받들어 섬기는 일만을 해야 합니다. 사람들을 부처님으로 받들어 섬기는 일을 외면한다면 인류의 평화는, 인류의 행복은 영원히 오지 않습니다.

　개인에게서나 국가에서나 오늘날 인간이 펼치는 모든 노력이 인류의 행복과 평화를 위해서 하는 것이라면 하루 빨리 진정한 행복과 평화의 열쇠를 가져야 합니다. 사람을 부처님으로 받들어 섬기는 일만이 행복과 평화의 길이라는 생각에 확신을 가져야 합니다. 부디 이 생각에 확신을 가지고 개인이나 국가나 하루 빨리 진정으로 행복하고 평화로운 삶을 누리기를 간절히 바랄 뿐입니다.

제10 법사품 (法師品)

법사란 이와 같다

강의 법사란 흔히 법을 설하는 사람을 가리킵니다. 그러나
법사라는 말의 원래의 뜻이 이 법사품에서 나온 말이기
때문에 법사품을 통해서 법사라는 말의 참뜻을 이해하도
록 해야 할 것입니다. 법사품에 의하면 법사에는 다섯 가
지의 법사가 있습니다.

첫째, 경전을 언제나 소지하고 있는 사람. 둘째, 경전을
읽는 사람. 셋째, 경전을 외우는 사람. 넷째, 경전을 해설
하는 사람. 다섯째, 경전을 쓰고 출판하는 사람입니다. 위
의 경우에 해당되는 사람은 누구나 법사입니다.

그리고 법사의 자세를 규정하는 내용에는 대자비심(大
慈悲心)으로써 집을 삼고, 중생들을 제도하기 위해 끝까지
부드럽고 인욕(忍辱)하는 것으로 옷을 삼아야 한다고 합
니다. 그리고 만법(萬法)이 텅 비어 모두 공(空)한 경지로

160

서 법을 설하는 자리, 즉 법좌(法座)로 삼아서 법화경을 수지(受持), 독(讀), 송(誦), 해설(解說), 서사(書寫)하라고 하였습니다.

경문 그 때 세존께서 말씀하셨습니다. "어떤 사람이 묘법 연화경의 한 구절이라도 소지하고 있거나, 읽거나, 외우거나, 해설하거나, 쓰거나 하며 또 이 경책(經冊)을 공경하기를 부처님과 같이하여 갖가지 꽃과 향과 영락구슬과 깃발과 옷감과 음악 등으로 공양하며, 또 합장하고 공경한다면 약왕보살이여, 잘 알아라. 이 사람은 이미 일찍이 십만억 부처님을 공양하고, 그 여러 부처님의 처소에서 큰 서원을 성취하고 중생들을 어여삐 여기는 까닭으로 이 인간 세상에 태어났느니라."

강의 경문에서 분명하게 말씀하셨습니다. 경전을 소지하고 다니기만 해도 법사(法師)이며 한 구절만이라도 읽고 외우는 이도 훌륭한 법사입니다. 그리고 보면 모든 불자들은 전부가 법사입니다. 불교공부를 하는 사람들은 이 세상에서 가장 훌륭한 일을 하는 사람이며, 불교를 믿는 사람들은 세상에서 가장 존귀한 사람입니다. 모두 부처님의 아들, 딸들이니 그보다 더 높고 귀한 종족이 어디 있겠습니까. 범망경에 "사람들이 부처님의 계를 받으면 그 즉시 불자(佛子)가 된다."라고 하였습니다. 부처님과 인연을 맺는 즉시 우리는 부처님의 아들, 딸입니다. 하물며 천하에서 둘도 없는 높고 귀한 법화경을 가지고 다니거나 읽거나 외우거나 쓰거나 이야기하여 남에게 들려주거나 출판하고 보급한다면 그는 최상의 불자이며 법사입니다. 그러므로 언제나 부처님의 법을 전하는 여래의 사자(使者)로서 자랑스럽고 당당한 자세를 가져야 합니다.

그리고 불제자들은 언제나 하늘을 찌를 듯한 긍지와 자부심을 가지고 살아야 합니다. 높은 자존심이 있는 사람들은 사악(邪惡)한 행동이나 저속한 행동을 함부로 하지 않습니다. 사악하고 저속한 행동은 남이 알까 두려워서가 아니라 스스로 용납하지 않기 때문입니다.

여래의 사자(使者)

경문 부처님이 말씀하셨습니다. "만약 어떤 선남자 선여인이 내가 열반에 든 뒤에 은밀히 한 사람을 위하여 법화경의 한 구절만이라도 해설하여 준다면, 이 사람은 곧 여래의 사자(使者)로서 여래가 보낸 사람이며 여래의 일을 행하는 사람이니라. 그런데 하물며 여러 사람들을 위하여 이 법화경을 해설하는 사람이겠는가."

강의 '사람이 부처님이다'라는 법화경의 종지(宗旨)인 이 위대한 최후의 한마디 말씀을 단 한 사람에게만 하더라도 그 사람은 곧 여래의 부탁을 받고 여래의 심부름을 하는 사람입니다. 이 법화경을 만약 여러 사람들이 들을 수 있고 여러 사람들이 읽을 수 있는 일을 한다면 여래의 일을 얼마나 훌륭하게 수행하는 사람이겠습니까.

어릴 때 선생님이 시키시는 간단한 심부름을 하더라도 친구들에게나 집에 와서 큰 자랑거리로 여기던 때가 있습니다. 하물며 여래를 대신해서 여래의 일을 수행한다면 그 영광과 자부심이야말로 하늘을 찌르고도 남음이 있습니다. 세세생생의 자랑거리가 될 것입니다. 진정한 불자는 부처님의 가르침에 대한 이와 같은 이해와 이와 같은 소신을 가지고 살아야 할 것입니다. 법화경을 믿고 실천하는 법화행자라면 태산부동의 자기 소신이 있어야 합니다. 상불경보살은 욕설을 듣고 매를 맞아가면서까지 "그래도 나는 당신들을 존경합니다. 결코 당신들을 가벼이 여기지 않습니다. 왜냐하면 당신들은 부처님이기 때문에 나는 당신들을 부처님으로 받들어 섬깁니다."라고 하면서 끝까지 사람들을 부처님으로 받들어 섬기는 그와 같은 확고한 자세와 불굴의 의지가 있어야 합니다.

진리를 등진 죄가 가장 무겁다

경문 부처님이 말씀하셨습니다. "약왕보살이여, 어떤 악한 사람이 좋지 못한 마음으로 일 겁 동안을 부처님 앞에 나타나 항상 부처님을 헐뜯고 욕을 할지라도 그 죄는 오히려 가볍다. 그러나 어떤 사람이 한 마디라도 나쁜 말로 재가한 사람이거나 출가한 사람이거나 간에 법화경을 독송하는 이를 헐뜯으면 그 죄는 매우 무거우니라."

"만약 어떤 사람이 불도를 구하여 일 겁 동안을 내 앞에서 합장하고 수없는 게송으로 찬탄한다면, 이로 인해 얻는 공덕은 한량없으리라. 그런데 이 경을 지니는 이를 찬탄하는 사람은 그 복이 그보다 더하느니라."

강의 법화경을 독송하는 사람을 비방하는 죄는 부처님을 비방하는 죄보다도 훨씬 더 무겁다는 뜻은 부처님의 부처님이 된 원인도 결국은 그의 위대한 가르침에 있기 때문입니다. 가르침이 훌륭하지 못하다면 그 분의 탄생도 그 분의 열반도 그렇게 크게 기념하지 않았을 것입니다. 그리고 법화경이란 인간의 가치를 극대화한 가르침이며, 존재의 실상을 바르게 깨우치는 가르침이기 때문입니다. 그러므로 법화경을 비난하는 것은 곧 사람의 진정한 가치를 비난하는 일이며 진리를 등지는 일이기 때문에 부처님을 비방하는 죄보다도 더 무겁다고 한 것입니다.

그리고 이 경전을 지니는 이를 찬탄하는 사람의 복은 부처님을 일 겁 동안 수없는 게송으로 찬탄하는 복보다 더 많다고 합니다. 그것은 부처님의 부처님이 된 원인이 또한 진리의 가르침을 설하신 사실에 있기 때문이며 그 진리의 가르침이란 곧 이 법화경이 그것을 대변하기 때문입니다. 그래서 존재의 실상을 설하신 이 법화경을 수지 독송하는 사람을 찬탄하는 일은 곧 진리를 찬탄하는 일이 되기 때문입니다.

법화행자는 부처님과 함께 하는 이다

경문 "약왕보살이여, 여래가 열반한 후에 이 경을 써서 지니고 읽고 외우고 공양하며, 다른 사람을 위하여 해설하는 이는 여래께서 곧 그 옷으로 덮어 주실 뿐만 아니라, 다른 세계에 계신 부처님까지 호념(護念)하시니라. 이 사람은 큰 믿음의 힘과 원력과 선근의 힘이 있느니라. 이 사람은 여래와 함께 잠을 자며, 여래께서 손으로 그의 머리를 어루만져 주시는 이가 되느니라."

강의 여래란 곧 바르고 참된 이치(眞理)를 가르치신 가르침 그 자체입니다. 그러므로 불상을 조성하고 복장에 경

165

전을 넣어서 점안(點眼)을 하므로 살아있는 부처님으로 받드는 것입니다. 불탑(佛塔)을 만들어서 불사리 대신에 경전을 탑에 넣어 모심으로 불탑으로 경배하게 되는 사실도 그러한 이치입니다. 특히 모든 경전 중에서 왕이라고 일컫는 이 법화경의 소중함은 더 말할 나위가 없습니다.

옛 조사의 선게(禪偈)에 "밤마다 부처님을 안고 함께 자고, 아침마다 부처님과 함께 일어난다[夜夜抱佛眠 朝朝還共起]."라는 말이 있습니다. 위의 경문에도 "법화경을 수지 독송하는 사람은 여래와 함께 잠을 잔다."는 말이 있습니다. 사람이 부처님이라는 그 사실을 극명하게 가르친 그 가르침으로 인하여, 사람이 부처님이라는 사실을 깊이 확신하고 스스로 부처님으로서의 삶을 살게 되기 때문입니다. 불법을 바르게 깨달은 사람들은 예나 이제나 한결같은 말씀을 하십니다. 그러한 사실을 경전에서는 '시방 삼세 모든 부처님이 다 같이 말씀하시는 바'라고 표현하고 있습니다. 진리의 가르침이란 시간과 공간을 초월하여 언제나 변함이 없기 때문입니다. 시대가 다르고 환경이 다르고 지역과 민족이 다르다고 하여 그 가르침이 맞지 않는다면 그것은 진리의 가르침이 아닙니다. 시의에 맞추거나 근기와 수준에 맞춘 방편의 말일뿐입니다.

법화경이라야 깨달음에 가깝다

경문 "약왕보살이여, 재가보살이거나 출가보살이거나 만약 이 법화경을 보고, 듣고, 읽고, 외우고, 쓰고, 지니고, 공양하지 않는 사람은 실은 보살도를 잘 행하지 못하는 것이니라. 그러나 이 경을 보고, 듣는 이는 보살도를 잘 행하는 것이 됨이니라. 불도를 구하는 사람이 있어서 이 법화경을 보거나 듣거나 하여 믿고 해석하며 수지하는 사람은 이 사람은 최상의 깨달음에 다가선 것이니라."

"약왕보살이여, 비유하자면, 어떤 사람이 목이 말라 물을 구하고자 높은 언덕에서 우물을 팔 때, 마른 흙이 나오면 물이 아직 먼 줄을 아느니라. 파기를 쉬지 아니하여 젖은 흙이 나오는 것을 보고, 드디어 진흙이 나오면 반드시 물이 가까이 있는 줄을 알리라. 보살도 이와 같아서 만일 이 법화경을 듣지 못하고 이해하지도 못하며, 닦아 익히지도 못했다면 이 사람은 최상의 깨달음에서 아직도 머니라. 그러나 만약 이 경을 듣고 이해한다면, 최상의 깨달음이 가까우니라. 왜냐하면 모든 보살들의 최상의 깨달음이 이 경에 속해 있기 때문이니라.

이 경은 방편문을 열어서[開方便門] 진실의 상(相)을 보이느니라[示眞實相]. 이 법화경의 법장(法藏)은 깊고도 견고하며, 아득히 멀어서 능히 이르는 사람이 없느니라. 이

제 부처님께서 보살을 교화하여 성취시키고자 열어 보이시느니라."

강의 법화경을 수지 · 독송 · 해설 · 공양하지 않으면 보살이 아니고, 법화경을 수지 · 독송해야만 보살이라고 합니다. 그리고 법화경이라야만 깨달음에 가까이 갈 수 있다고 합니다. 왜냐하면 법화경은 깨달음을 조금도 남김없이 한껏 드러낸 가르침이기 때문입니다. 깨달음이란 무엇입니까. 일체 감정과 모순과 번뇌들을 다 가진 적나라한 인간의 모습 그대로 부처님이라는 사실을 확연히 아는 일입니다. 보살들의 최상의 깨달음이 이 법화경에 속해 있기 때문에 법화경이라야 깨달음에 다가선다고 합니다. 법화경을 손에 넣는 것은, 마치 우물을 팔 때 젖은 흙을 만나서 곧 물을 얻을 수 있는 사실과 같다고 합니다.

법화경의 대지(大旨)를 흔히 회삼귀일(會三歸一)이라고 하나 위의 경문에 나온 방편문을 열어서[開方便門] 진실의 상(相)을 보인다[示眞實相]는 말로 표현해도 매우 좋을 듯하다는 생각을 합니다. 법화경을 설하기 전의 모든 경전은 거의가 방편으로 말씀하신 내용들입니다. 그러나 이 법화경은 그 방편이라는 문을 활짝 열어주는 가르침이며, 또한 문을 열고 들어간 뒤 방안에 있는 진실상을 남김없이 보여주는 가르침이기 때문입니다.

3아승지겁을 지나면서 10신, 10주, 10행 등등 52단계를 거쳐야 부처님의 경지에 이른다고 설하신 모든 가르침은 중생들의 수준을 감안하여 점차 성숙시키기 위한 방편으로 말씀하신 것이라면, 이 법화경은 바로 진실을 말씀하셨습니다. 즉, "아무런 수행도 필요치 않다. 현재 이대로 완전한 부처님이다. 몸에는 병고가 있어서 매일 매일 신음을 하고 살아가는 그대로가 부처님이다. 마음에는 온갖 번뇌가 들끓어 탐욕과 분노와 어리석음과 시기, 질투와 음해 모략으로 수많은 사람들을 괴롭히는 그 몹쓸 인간도 그대로 부처님이다. 그립고 아쉬움으로 잠 못 이루고 몸부림치는 밤을 견뎌야 하는 그런 사람도 그 모습 그대로 부처님이다."라고 하십니다.

성철 스님의 말씀처럼, "교도소에서 살아가는 거룩한 부처님들, 술집에서 웃음 파는 엄숙한 부처님들, 밤하늘에 반짝이는 수없는 부처님들, 꽃밭에서 활짝 웃는 아름다운 부처님들, 구름 되어 둥둥 떠 있는 변화무쌍한 부처님들"입니다. 모든 생명 모든 사람들, 아니 삼라만상이 모두 부처님들입니다.

여래의 옷을 입고 여래의 자리에 앉아

경문 "약왕보살이여, 여래가 열반하신 후에 사부 대중들을 위하여 이 법화경을 설하고자 할 때 어떻게 해야 하겠는가. 법화경을 설하고자 하는 이는 여래의 방에 들어가서 여래의 옷을 입고, 여래의 자리에 앉아서 사부 대중들을 위해 이 경을 설할 수 있으리라.

여래의 방이란 일체 중생을 감싸는 대자비심이요, 여래의 옷이란 부드럽고 화평한 인욕심이요, 여래의 자리란 모든 것이 공(空)하다는 도리이니라. 이러한 경지에 안주하여 게으르지 말고 대중들을 위하여 법화경을 설할지니라."

강의 법사의 조건, 포교사의 조건, 또는 스님의 조건, 불자의 조건이라고 할 내용입니다. 설사 법화경이 아니라 하더라도 부처님의 법을 펴고 부처님의 제자로서 부처님의 심부름을 하는 사람이라면 모두들 이러한 조건을 갖추어야 할 것입니다. 사람들을 넉넉한 자비심으로 대하는 것과 어떠한 어려움에서도 참고 견디는 자세를 지켜나가야 할 것입니다. 특히 명예와 이익의 문제를 만나서 유혹에 흔들리지 않고 참고 견디어 바르게 행동한다는 것을 잊어서는 안 될 것입니다. 참으로 자비심과 인욕심은 수행자의 기본입니다.

모든 것은 공이다

끝으로 모든 것이 공한 도리를 마음 깊이 체득하여 일체 인간사와 세상사에 초연한 자세를 가질 수 있을 때, 비로소 여래의 자리에 앉아 포교하고 설법하고 스님으로 행세할 수 있을 것입니다. 심지어 칼이나 몽둥이, 기와나 돌로 때리고 해칠지라도 부처님을 생각하며 참고 견디라고 하였습니다.

리처드 칼슨이라는 사람은 공(空)의 생활화를 이렇게 이야기하였습니다.

"스쳐가는 일들에 대해 마음 쓰지 말라. 이것은 내가 최근 들어 채택한 최신 방법이다. '스쳐 간다'는 말 그대로, 좋은 것과 나쁜 것, 쾌감과 고통, 동의와 거절, 성취와 실수, 명성과 치욕과 같은 모든 일들은 우리의 인생에 잠시 다가왔다가는 사라진다. 시작이 있으면 끝도 있으며, 그것은 자연스런 현상이다.

과거에 경험했던 모든 일들도 지금은 끝난 상태이다. 이전부터 가져왔던 생각들에도 모두 시작과 끝이 있었으며, 희로애락의 모든 감정과 기분 역시 살아오면서 계속 끊임없이 변화돼 왔다. 한 가지 감정만이 우리의 마음을 꿰차고 들어앉는 일은 없다. 인간이라면 누구나 행복, 슬픔, 질투, 우울, 분노, 사랑, 수치심, 명예와 같은 모든 감정들을 경험하기 마련이다.

그런데 그것들은 지금 모두 어디로 사라졌는가? 그 정답은 사실 아무도 모른다. 단지 우리가 아는 거라곤, 결국 모든 것이 무(無)로 사라진다는 것이다. 이 진실을 삶에 받아들일 때, 비로소 스스로를 자유롭게 하는 모험이 시작된다.

사람들은 대개 두 가지 사실에 대해 실망하곤 한다. 기쁨을 경험하는 순간, 사람들은 그것이 영원히 지속되기를 기대한다. 하지만 그렇게 되는 법은 없다. 고통을 겪게 될 때, 당장 그것이 사라져 주기를 바라는 것 또한 보통 사람들의 마음이다. 하지만 인생은 늘 희망대로 이루어지지는 않는다.

불행은 자연스런 흐름에 저항할 때 생기는 침전물이다. 인생이 여러 가지 일들의 연속이라는 사실을 인식하는 것이야말로 잔뜩 흐려진 마음을 맑게 정화하는 데 큰 도움이 된다. 현재의 한 순간은 시간과 함께 흘러가 버리고 그 자리는 계속되는 또 다른 순간들로 메워진다. 흥겹고 즐거운 시간이 가져다주는 행복감일랑 맘껏

누려라. 하지만 결국 그 순간에도 다른 일이 다가오고 있으며, 다른 모습의 순간들로 대체될 것이라는 사실 또한 명심할 일이다.

스쳐가는 모든 일들에 대해 마음을 비우고 개의치 않게 되면, 변화무쌍한 삶의 순간순간 속에서도 평화를 느낄 수 있다. 어떠한 고통이나 불쾌한 상황 역시 자신을 스치고 지나가는 바람에 불과하다는 사실을 잊지 말기 바란다. 이러한 인식을 마음에 새겨두면, 역경에 직면한 순간에도 앞으로 살아갈 날들에 대한 희망을 잃지 않는다. 항상 이렇게 하는 것이 쉽지는 않겠지만, 그렇기 때문에 더욱 그럴 만한 가치가 있다."

참으로 쉽게 풀어 쓴 공의 생활화 운동이라고 할 수 있습니다.

생각해보면 실로 있는 것은 아무 것도 없습니다. 저 앞마당을 스쳐간 수많은 빛과 그림자들, 지금은 어디에 갔나요? 오로지 지금의 빛이 있을 뿐입니다. 지금의 그림자가 있을 뿐입니다. 그것도 시시각각으로 변하는, 그러면서도 손에는 아무 것도 잡히지 않는 그런 빛과 그림자가 있을 뿐입니다. 지금의 그것들은 실로 있는 것인가, 없는 것인가?

우리들 인생의 앞마당을 스쳐간 그 수많은 빛과 그림자들 또한 지금은 어디에 있습니까? 기쁨의 빛, 영광의 빛, 승리의 빛, 즐거움의 빛, 그들은 지금 모두 어디로 갔습니까? 슬픔의 그림자, 오욕의 그림자, 패배의 그림자, 외로움의 그림자, 아픔의 그림자, 고통의 그림자, 분노의 그림자들 지금은 모두 어디에 있습니까? 아무리 찾아봐도 찾을 길 없습니다. 실로 있는 것인가, 없는 것인가? 이 순간 인생의 앞마당에 내린 빛과 그림자들은 참으로 있는 것인가, 없는 것인가? 눈앞에 보일 듯한 빛과 그림자들, 어쩌면 잡힐 듯 잡힐 듯 하지만 본래로 없는 것이기에 손에 잡힐 리 없습니다.

기쁨의 빛과 슬픔의 그림자, 만남의 빛과 헤어짐의 그림자, 영광의 빛과 오욕의 그림자, 이득의 빛과 손해의 그림자, 합격의 빛과 낙방의 그림자, 선의 빛과 악의 그림자, 고통의 빛과 즐거움의 그림자, 모두들 지금은 어디에 있습니까? 있는 것인가, 없는 것인가? 언제나 한결같은 텅 빈 인생의 앞마당뿐입니다.

되돌아보세요. 10대 때의 그 수많은 빛과 그림자들, 즉 기쁨과 슬픔들, 영광과 오욕들, 명예와 부귀들, 사랑과 미움들, 20대 때의 그 수많은 빛과 그림자들, 즉 기쁨과 슬픔들, 영광과 오욕들, 명예와 부귀들, 사랑과 미움들, 그리고 30대, 40대, 50대 때의 그 수많은 빛과 그림자들, 즉 기쁨과 슬픔들, 영광과 오욕들, 명예와 부귀들, 사랑과 미움들, 그 모두들 지금은 어디에 갔습니까? 오로지 무(無)이며, 공(空)일 뿐입니다.

'무고집멸도(無苦集滅道) 무지역무득(無智亦無得) 무노사(無老死) 무노사진(無老死盡)' 삶도 죽음도 모두가 공이라 아무 것도 없습니다. 이러한 이치를 꿰뚫고 깃털처럼 가볍게 살아가는 자세가 곧 여래의 자리에 앉은 것이라고 경에서는 말하고 있습니다. 불교의 기본은 모든 존재의 공한 이치를 터득하고 있어야 하는 것이며, 여래의 자리에 앉는 것이란 이러한 기본적 토대 위에서 수행도 교화도 설법도 이루어 질 수 있다는 뜻입니다.

제11 견보탑품 (見寶塔品)

불성이 내재함을 밝히다

강의 견보탑이란 땅 속에서 솟아 나온 보탑을 본다는 말로 서, 우리들의 보통 중생들에게 감추어진 불성(佛性)을 발 견한다는 의미입니다. 그 동안 사람이 부처님이라는 수기 를 주는 설법으로 인하여 모든 사람들이 불성을 발견하여 안과 밖이 둘이 아닌 진정한 부처님으로서의 삶이 전개되 는 광경을 상징적으로 그렸습니다.

세상에서 가장 아름다운 사찰은 다보불을 모신 다보탑 과 석가모니불을 모신 석가탑이 나란히 서 있는 불국사 (佛國寺)입니다. 불국사는 진리이며 본불(本佛)인 다보불 과 그 진리를 설하시는 완성된 부처님〔迹佛〕인 석가모니 불을 형상화하여 불교의 가장 이상적인 광경을 표현하였 습니다. 즉 법화경에서 말하고자 하는 이상적인 세계를 이 지상에 형상화한 것입니다.

그리고 이 품은 중간쯤에서 천상에서도 설해지는데 그러한 내용들을 정리하면 법화경을 이처삼회(二處三會)에 걸쳐서 설했다고 합니다. 즉 장소는 영축산에서 허공으로 옮겼다가 다시 영축산으로 옮겨 설했기 때문입니다. 현실에 입각하여 불법을 가르치다가, 한 차원 달리하여 이상적인 모습으로 불법을 보여줍니다. 그리고는 다시 그 이상적인 경지도 현실생활에 실현됨으로써 그 가치가 있다는 이치를 보여준 것입니다. 마치 선(禪)에서 "산은 산이요 물은 물이다. 산은 산이 아니요, 물은 물이 아니다. 다시 산은 다만 산이요, 물은 다만 물이다."라는 법문과 똑같은 이치입니다. 초월적인 삶도 보통 인간의 애환을 떠나서는 무의미합니다. 실은 초월적인 삶도 보통 사람들의 삶의 애환에 뿌리를 두고 있기 때문입니다. 설사 어떤 초월적인 경지를 이루었다 할지라도 다시 보통 인간의 삶으로 돌아오는 것이 당연하다는 뜻이기도 합니다.

또한 이 품에는 육난구이(六難九易)의 법문이 있습니다. 예컨대, "차라리 지구를 발톱 위에 올려놓고 하늘에 오르는 것은 쉽지만 말세에 법화경을 설하는 일은 차라리 어렵다."라고 하였습니다. 이러한 이야기를 반복하면서 법화경이 제대로 설해지고, 제대로 이해되기가 그토록 어렵다는 것을 설했습니다. 온갖 모순과 갈등과 감정들을 지닌 채 그대로 부처님이라는 뜻이 그만큼 이해하기가 어렵다는 의미입니다. 그 외에도 이 품에서는 상징적으로 표현한 내용들이 많기 때문에 심사숙고해야 이해할 수 있습니다.

경문 그 때 부처님 앞에 문득 칠보탑이 있었는데 땅 속에서 솟아나와 허공 중에 머물러 있었습니다. 그 높이는 5백 유순이나 되고 온갖 금은보화로 장엄하였습니다. 하늘의 천신들은 갖가지 꽃과 영락과 깃발과 기악으로 보탑에 공양하고 공경하며, 존중하고 찬탄하였습니다.

강의 경문은 계속됩니다. 보탑 안에는 다보불(多寶佛)이 계셔서 석가모니불을 찬탄하시고 법화경의 설법이 모두 진실하다고 증명하는 말씀을 합니다. 그리고 석가모니불은 보탑과 다보불과 과거에 법화경을 설하셨던 내역에 대하여 자세히 말씀하십니다. 이어서 석가모니불이 허공 중에 머물러 다보불과 나란히 앉으시고 대중들도 부처님의 신통력으로 허공에 머무르게 하여 비로소 제2회 제2처의 설법이 전개됩니다.

이 품에서는 무엇보다도 갖가지 금은보화로 장엄한 보탑이 땅 속에서 솟아나왔다는 사실에 눈을 떠야 합니다.

잡다한 사물들로 이루어진 땅은 사람들의 번뇌에 시달리는 모습이지만 그 모습 속에는 무가보(無價寶)의 부처님이 존재하고 있다가 시절인연을 만나면 밖으로 나타난다는 뜻을 잘 새겨야 합니다. 한비자(韓非子)에 나오는 화씨지벽(和氏之璧)의 이야기처럼 겉은 돌로 보이지만 그 내용은 나라를 주고도 살 수 없는 값진 옥이 들어 있었다는 것과 같이, 사람을 하찮은 사람으로 보지 말고 부처님의 성품을 고스란히 가지고 있는 살아 있는 부처님으로 보라는 교훈입니다.

불교의 꽃이라고 사랑받는 연꽃은 진흙 속에서 자라지만 더없이 아름다운 꽃을 피웁니다. 진흙 한 방울 묻어나지 않고 청정하기 이를 데 없습니다. 연꽃은 잘 다듬어진 화단이나 높은 언덕에서는 피지 않습니다. 반드시 인간의 삶의 모습과도 같은 진흙탕에서만 그 꽃을 피웁니다. 땅 속에서 아름다운 보탑이 솟아올랐다는 경전의 이야기는 처염상정(處染常淨)의 연꽃이 갖는 의미 그대로일 것입니다.

제12 제바달다품 (提婆達多品)

원수가 가장 좋은 선지식이다

강의 제바달다는 잘 알려진 대로 조달(調達)입니다. 곡반
왕의 아들로서 아난의 형이고 석가모니의 사촌동생입니
다. 오역죄를 짓고 산 채로 지옥에 떨어진 사람으로서 불
교에서는 천하에 가장 무도한 악인으로 알려져 있습니다.
다른 악행도 많지만 특히 부처님을 살해하고 불교의 교단
을 빼앗으려고 여러 차례에 걸쳐 온갖 사건을 도모했던
사람입니다.

한문 번역에서의 제바달다란 데바닷타의 음역이며 제
바(提婆)라고 줄여서 부르기도 합니다. 전하는 바에 의하
면 그는 세존께서 성도하신 후에 출가하여 5백인의 비구
를 꾀어서 교단을 분열시켜 화합승(和合僧)을 깨뜨렸고,
큰돌을 굴려 부처님의 몸에서 피가 나게 하였으며, 마가
다국의 아자타삿투루 왕에게 술에 취한 코끼리를 풀어놓

게 하여 부처님을 밟아 죽이도록 하였고, 주먹으로 화색
(華色) 비구니를 때려죽이는 등 잔인무도한 사람으로 전
해지고 있습니다.

그래서 불자들은 미운 사람에게 가장 심한 욕을 할 때
'조달이 같은 놈'이라는 말을 씁니다. 부처님과 부처님의
제자들에게는 실로 그 원한이 하늘에 사무치는 원수입니
다. 이것은 분명한 역사적 사실입니다.

그러나 법화경의 결집자(結集者-저자)는 세존이 열반에
들기 전에 금생에서 맺은 원결(怨結)을 모두 풀고자 의도
하였습니다. 또 사람다운 사람으로서 일상생활에서 원수
와 악인을 어떻게 수용하고 극복하며 살아야 하는가를 잘
보여주고 있습니다.

사람이 일생을 살다가 죽음에 임해서 맺힌 원한을 풀
고, 지고 있던 빚을 갚고 간다는 것은 매우 중요한 일입니
다. 살아가는 동안 원한관계와 악연(惡緣)들을 어떻게 수
용하고 극복해야 하는가 하는 문제는 참으로 중요합니다.
부처님은 그러한 차원을 넘어서 진정으로 조달이 같은 사
람들의 행위가 자신이 성인으로서의 성숙과 깨달음에 결
정적인 역할을 했다고 생각하신 분입니다. "나를 악한 사
람이라고 하는 사람이 나의 스승이다."라는 유교(儒敎)의
말이 있습니다. 이러한 의미에서 제바달다품은 법화경

28품에서 참으로 보석처럼 빛나는 부분입니다.

경문 그 때 부처님이 말씀하셨습니다. "내가 과거 한량없는 세월 동안 법화경을 구하는데 국왕이 되어 6바라밀을 닦고 보시를 행하되 온갖 보물들과 나라와 처자와 노비와 심지어 머리, 눈, 골수, 손발과 목숨까지 보시하였느니라. 그러면서 나라에 선포하되, '누가 나를 위하여 대승법(大乘法)을 설하면 이 몸이 다하도록 시중을 들리라.'고 하였느니라. 그 때 한 선인(仙人)이 있어 그의 뜻을 어기지 않으면 법화경을 설해 준다는 말을 듣고 뛸 듯이 기뻐하며 그를 따라가서 구하는 것을 모두 공급하되, 과실을 따고 물을 긷고 나무를 하고, 음식을 장만하며, 몸으로 앉는 자리가 되어도 싫어하지 않았느니라. 이렇게 섬기기를 천년을 지냈어도 법을 위하는 까닭에 부지런히 일하고 지성으로 시봉하여 부족함이 없게 하였느니라.

　그 때의 왕은 바로 이 몸이고 그 선인은 지금의 제바달다이니라. 제바달다 선지식이 있었으므로 6바라밀과 자비희사(慈悲喜捨)와 성스러운 32상과 80종호와 자마금색(紫磨金色)과 10력(力)과 4무소외(無所畏)와 4섭법(攝法)과 18불공법(不共法)과 신통과 도력(道力)을 갖춰 정각(正覺)을 이루고 널리 중생들을 제도하게 되었으니 이것은 다 제바달다 선지식 때문이니라."

강의 부처님은 모든 공덕을 원수인 제바달다에게 회향하였습니다. "그 때의 제자인 왕은 나요, 나의 스승인 선인은 바로 제바달다."라는 대목에서는 참으로 목이 메입니다. 제바달다를 선지식으로, 부처님으로 생각하지 않고는 실로 숨이 막혀 견딜 수가 없습니다. 부처님의 그 끝을 알 수 없는 자비와 마음씀씀이에 감동하지 않을 수 없습니다. 조그마한 침해만 받아도 어떻게 해서 그 원한을 갚을까 하고 분노의 가슴을 불태우는 세상 사람들의 일상 속에 살면서 이와 같은 청량한 법문을 들을 수 있게 된 것만으로도 큰 행복이 아닐 수 없습니다. 사람으로 태어나서 부처님을 만나고, 법화경을 만나고 이 제바달다품을 만난 것은 한 생애에 있어서 가장 값진 만남입니다.

위의 경문에서 제바달다 선지식으로 인하여 6바라밀과 자비희사(慈悲喜捨) 등등 많은 것을 갖췄다는 내용들은 모두 우리들 인간이 내면에 갖추고 있는 무한한 능력들을 소개한 것입니다. 그리고 부처님은 그런 모든 내면의 능력들을 모두 드러냈다는 것입니다. 인간으로서 가진 모든 것을 한껏 드러내서 최고의 성자가 되었다는 것입니다. 그 모두가 오직 제바달다의 덕이라고 하였습니다.

세존의 고통

제바달다품의 내용과 더불어 금강경 제14분에서는 부처님께서 직접 경험하신 가슴 아픈 사연을 이야기하고 있습니다. "예컨대 나는 옛날 가리왕에게 이 몸을 칼로 베이었을 때 신체가 마디마디 잘리는 아픔을 겪었노라. 그 때도 나는 나와 남이라는 상대적 대립을 떠났었노라. 만약 그 때 상대적 대립으로 갈등하였더라면 얼마나 큰 아픔과 쓰라림으로 분노하였겠는가."라고 하셨습니다.

그 내용인즉, 세존은 도덕과 문화는 뛰어나지만 상대적으로 국토는 작고 병력은 턱없이 모자라는 카필라 국 출신이었습니다. 그러나 국토는 넓고 병력은 강하여 폭력으로 이웃의 작은 나라들을 호시탐탐 노리는 코살라 국의 유리왕이 세존의 모국인 카필라 국을 침범하여 없애버린 역사적 근거에 둔 이야기입니다. 세존은 고향을 떠난 지 오래이고 그 나라는 마하남이라는 왕이 다스리던 때였습니다. 유리왕은 카필라 국을 침범하러 가는 길목에서 세존을 만나서 그 위엄과 자비 앞에 차마 더 나아가지 못하고 두 번이나 회군하였습니다.

그 때 세존은 바싹 마른 나무 밑에서 유리왕을 만났습니다. 유리왕은 세존께 인사를 드리고 이렇게 묻습니다.

"세존이시여, 저 옆에 잎이 무성하여 나무 그늘이 매우 시원한 곳이 있는데 왜 하필이면 그늘도 없는 바싹 마른 나무 밑에 계십니까?"

"그대가 나의 고국을 침범하여 나의 형제들과 친지들을 살육하는데 나의 마음이 어떻겠는가. 내 가슴은 마치 이처럼 타들어 가는 나무의 모습 그대로일세."라고 하셨습니다.

그러나 세 번째는 세존도 그 길에 나아가지 않고 피하고 말았습니다. 그리하여 세존께서 가장 교화활동이 왕성하여 인도 전역에 법력(法力)이 미치었으나 지난 세월의 원결을 풀지 못한 유리왕은 끝내 석가족들을 무참히 살해하였습니다. 그리고 카필라 국은 유리왕의 손아귀에 들어가고 말았습니다. 그러한 사실을 생생하게 살아 있는 눈으로 확인하시고 그 친척들의 죽음과 고통들을 몸소 체험하신 세존의 마음이 어떠하였으리라는 것은 누구라도 짐작할 수 있는 일입니다.

그 아픔을 함께하신 세존은 "이 몸을 칼로 베이었노라. 신체가 마디마디 잘리는 아픔을 겪었노라."라고 표현하였습니다. 실로 심장을 칼로 저미는 아픔이었을 것입니다. 사지를 마디마디 잘라내는 고통이었을 것입니다. 그러나 뛰어난 지혜로 모든 일의 전후를 알고, 오랜 원결을 되갚음하는 도리를 꿰뚫어 보신 부처님으로서는 "나는 아무런

185

갈등도 없었노라. 나다, 남이다 하는 대립의 마음도 없었
노라?'라고 하였습니다.

부처님은 실로 그 누구도 겪기 어려운 경험을 몸소 겪
으셨습니다. 세상에 있는 아픔이란 아픔은 모두 체험하신
분입니다. 태어난 지 7일 만에 어머니를 잃었으니 젖을
제대로 먹을 수 있었겠습니까? 누구보다도 감수성이 예
민한 어린아이의 가슴에 어머니 없이 자란 그 상처가 오
죽하였겠습니까?

성장하면서 주변의 강대국들의 등쌀에 나약하기만한
카필라 국의 앞날을 책임져야 할 태자로서의 고뇌 또한
감당하기 어려웠을 것입니다. 국제적 정세를 볼 때 머지
않아 사라지고 말 카필라 국의 운명을 생각한다면 영민하
기 이를 데 없는 태자로서는 출가의 길을 택하지 않고는
견딜 수 없었을지도 모릅니다.

출가를 하고 고행을 하고, 성도를 하여 무수한 사람들
을 교화하였습니다. 인도 전역에 그 명성이 자자하였습니
다. 그러나 카필라 국은 끝내 무너지고 말았습니다. 석가
족은 태반이 죽고 남은 이들은 뿔뿔이 흩어질 수밖에 없
는 상황이었습니다. 그러한 사실들을 두 눈으로 생생하게
바라만 볼 수밖에 없는 그의 쓰라림이 어떠하였겠습니
까? 그의 고독과 슬픔이 어떠하였겠습니까?

자신을 키워준 교담미, 즉 양모였던 마하파사파제와 아내였던 야수다라는 어린 아들 라후라를 앞세우고 세존을 찾아옵니다. 그들이 의지할 데라고는 세존밖에 없었습니다. 수많은 친지와 권속들이 나라를 잃고, 집을 잃고, 모두가 세존 앞에 와서 어쩔 수 없는 출가를 했을 때 부처님의 마음이 어떠했겠습니까?

제바달다라는 천하에 무도한 사촌이 있어서 태자 시절에나 출가를 해서나 늘 방해를 하고 심지어 죽이려는 시도를 수차에 걸쳐 저질렀던 일을 생각한다면 그 분의 아픔은 차마 감당하기 어려웠을 것입니다.

그러나 그 분을 우리가 세존이시며, 깨달음을 이루신 부처님이라고 추앙합니다. 여래, 응공, 정변지, 명행족, 선서, 세간해, 무상사, 조어장부, 천인사, 불, 세존이라고 그 높으신 덕을 찬탄합니다. 그리고, 또

천상천하무여불(天上天下無如佛)
천상천하에 부처님 같은 이 없네.
시방세계역무비(十方世界亦無比)
시방세계에도 또한 비교할 이 없어라.
세간소유아진견(世間所有我盡見)
세상에 있는 것 내 모두 보았지만

일체무유여불자(一切無有如佛者)

그 어느 것도 부처님 같을 이 없어라.

라고 찬탄합니다. 이 이상의 찬탄은 없습니다. 그 외에도 무수한 찬불송이 팔만대장경에는 있습니다.

그렇습니다. 부처님은 그렇게 찬탄을 받을 만한 위대하신 분입니다. 왕 중의 왕이요, 스승 중의 스승이요, 성인 중의 성인이십니다. 그런 아픔과 그런 고독과 그런 쓰라림을 겪으신 분이기에, 자비하시고 지혜로우시고, 그래서 더 위대하신 분이십니다. 그 모든 것을 아울러 함께 가지고 있어서 더욱 더 부처님이십니다. 이 세상 어느 누구도 그 분의 불행보다는 덜할 것입니다.

사람 사람들도 또한 기쁨과 슬픔을 갖고 있습니다. 괴로움도 아픔도 갖고 있습니다. 사랑과 지혜도 고스란히 갖고 있습니다. 영원한 생명도 무한한 능력도 빠짐없이 가지고 있습니다. 그래서 사람을 부처님이라고 합니다. 맞습니다. 사람이 부처님입니다. 모든 사람들이 다 같이 부처님이십니다. 사람들을 부처님으로 받들어 섬겨야 합니다. 우리 모두 사람들을 진정 부처님으로 받들어 섬길 때 나도 행복하고 그도 행복하고 세상이 모두 행복합니다.

세존은 제바달다를 스승으로, 또는 부처님으로 수기하

셨습니다. 제바달다도 실은 부처님이기에 부처님으로 수
기하신 것입니다. 이 세상 어느 누가 부처님 아닌 분이 있
겠습니까. 모두들 부처님처럼 사람들을 부처님으로 받들
어 섬겨야 합니다. 인류의 진정한 행복과 평화는 사람 사
람들을 부처님으로 받들어 섬기는 길밖에 없다는 사실을
알아야 합니다.

분노의 불길이 꺼진 곳에 부처님의 삶이

이 제바달다품의 중요한 뜻은 원수를 볼 때, 나를 성숙
시키고 깨달음에 이르게 하는 선지식으로 본다면 부처로
서의 행복한 삶이 그 곳에 있다는 뜻을 명료하게 보여주
고 있습니다. 지옥과 아귀와 축생의 삶이란 다른 것이 아
니라 원한을 원한으로 갚으려 할 때 그 곳에 있다고 합니
다. 경전은 제바달다까지도 부처님이라는 수기를 주고 나
서 이렇게 이어집니다.

경문 부처님께서 모든 비구들에게 이르셨습니다.
"미래세에 어떤 선남자 선여인이 묘법연화경의 제바달
다품을 듣고 청정한 마음으로 믿고 공경하여 의혹하지 않
는 이는 지옥, 아귀, 축생에 떨어지지 않고 시방제불 앞에
나타나며, 태어나는 곳마다 항상 이 경을 들으리라. 만약

189

인간이나 천상에 태어나면 수승하고 묘한 낙을 받고 부처
님 앞에 있을 때면 연꽃에서 화생(化生)하리라."

강의 삼악도(三惡道)인 지옥, 아귀, 축생의 삶에 떨어지지
않는 길은 원한을 원한으로 갚지 않고 모든 원한 관계를
지혜로써 비추어 보아 모든 것이 인연의 이치임을 철저히
깨닫는 데 있습니다. 시기와 질투로써 음해하더라도 싸우
거나 다투거나 원수 갚지 않고 분노의 불길에서 벗어난다
면 그것이 바로 부처님의 삶이라는 뜻입니다.

천수경에도 있듯이 불법의 힘이란 역순경계를 만났을
때 모든 것을 바른 이치로써 이해하여, 칼로써 살을 에는
듯한 아픔이나 천지를 태울 듯한 분노의 불길을 스러지게
하는 마음 씀씀이에 있습니다. 뛰어난 즐거움과 연꽃과
같이 처염상정(處染常淨)한 삶은 제바달다품을 읽어서 부
처님이 제바달다를 용서하고 원결을 풀어서 오히려 은혜
로 받아들이고, 또는 스승으로 수용한 것과 같이 일상생
활에서 그렇게 마음을 쓸 때 가능하다는 뜻입니다.

성불보다 쉽고 빠른 것이 없다
이 품에서 한 가지 특기할 만한 일은 법화경의 이치에
의해서 8세 된 용녀(龍女)가 순식간에 성불한 이야기입니

다. 용녀가 이 법화경의 '사람이 부처님이다.' 라는 이치를 받아 지니고는 순식간에 부처가 되었다고 하니 옹졸한 성문은 믿지 못하겠다는 듯이 이렇게 말합니다.

경문 사리불이 용녀에게 말하였습니다.

"그대가 짧은 시간에 성불하였다 하니 믿기 어렵도다. 여자의 몸은 더러워서 법의 그릇이 아니다. 불도는 까마득히 멀다. 한량없는 세월이 지나야 이뤄질지 모른다. 다섯 가지 장애 중에 여자의 몸으로는 부처의 몸이 되지 못한다고 하였다. 그런데 어찌 여자의 몸으로 순식간에 성불한다 하느냐?"

강의 그러나 용녀는 자신이 가지고 있던 보배구슬을 부처님께 올리니 부처님은 곧 이것을 받으셨습니다. 그리고는 "이 보배구슬을 주고 받는 순간이 심히 빠르지 않는가. 그대들도 신통력으로 내가 성불하는 것을 보리니 이보다 더욱 빠르리라." 하고는 홀연히 남자로 변하고, 보살행을 갖추고, 무구세계로 가서 연꽃 위에 앉아 정각(正覺)을 이루니, 삼십이상과 팔십종호를 갖추고 널리 중생들을 위하여 묘법을 설하였습니다. 경문을 간략히 요약했습니다만 인간은 본래로 부처님이라는 뜻을 더욱 적극적으로 나타내

기 위하여 이러한 이야기를 이끌어 온 것입니다. 성불에
남녀노소의 차별이 있을 수 없습니다. 동서고금의 차별도
없습니다. 모든 사람 모든 생명이 본래로 부처님인 것입
니다.

제13 권지품 (勸持品)

불법 홍포를 맹세하다

강의 권지품이란 이 법화경을 수지하기를 권한다는 뜻입니다. 부처님이 열반에 들고 악한 세상이 다가올 때 어떠한 역경이 닥쳐오더라도 강인한 원력과 굳은 신심으로 이 경전을 널리 펴고자 하는 맹세를 세존 앞에서 하는 내용입니다. 다른 사람에게 권하려면 먼저 자기 자신에게 굳은 결심이 서 있어야 하기에 스스로 맹세하는 일로 일관하고 있습니다. 이 경전을 수지, 독송, 서사, 공양하는 일에 신명(身命)을 아끼지 않겠다고 굳게 맹세합니다.

경문 그 때 약왕보살과 대요설보살이 그들의 권속 2만 보살들과 함께 부처님 앞에 이러한 맹세를 하였습니다.

"원하옵나니, 세존이시여. 심려하지 마소서. 저희가 부처님께서 열반하신 후에 이 경전을 마땅히 받들어 지녀 독송하고 해설하겠나이다. 뒷날 악한 세상에 중생들의 선근은 적고 잘난 체하는 것만 많으며 이익과 공양을 탐해서 선하지 못한 것은 점점 늘어 해탈을 멀리하므로 교화하기가 어려울 지라도 저희가 큰 인욕의 힘을 일으켜 이 경전을 독송하고 해설하며 옮겨 쓰고 갖가지로 공양하되 이 몸과 이 목숨을 아끼지 않겠나이다."

강의 이어서 경문에서는 수기를 받은 5백 아라한들과 배우는 이와 다 배운 이들 8천 명이 차례로 나와 위와 같은 결의를 다집니다. 자신이 가진 모든 시간과 모든 능력과 경제력과 심지어 목숨까지도 가장 값지고 보람 있게 쓰는 길이 무엇인가를 생각하게 하는 말씀입니다. 그들은 몸과 목숨을 다 바쳐서 부처님의 진실한 가르침이요, 가장 소중한 가르침인 이 법화경을 널리 펴는 일에 쓰고자 합니다. 참으로 숭고한 맹세입니다. 눈물겨운 서원입니다. 불교를 믿는 불자들은 스스로 그렇게 하지는 못하더라도 자신이 가진 재산과 능력을 가장 값있게 쓰는 길은 진리의 말씀을 널리 펴는 데 사용하는 것이라는 사실에 확신을 가져야 합니다. 실천을 못하더라도 바르게 알고 있어야 언젠가 그런 실천이 따르게 됩니다.

경문 세존께서 교담미에게 말씀하셨습니다.

"무슨 까닭으로 근심 띤 얼굴로 여래를 보는가. 내가 그대의 이름을 불러 수기를 주지 않을까 하고 여기는 것인가? 교담미여, 내가 앞서 모든 성문들에게 한꺼번에 다 수기를 주었는데 그대가 굳이 그대의 이름을 밝혀 수기 주는 것을 알고 싶은가. 그대도 장차 오는 세상에 육만팔천 억의 부처님 법 중에서 대법사가 되리니, 6천의 학, 무학의 비구니도 함께 법사가 되리라. 점차 보살도를 갖추어 반드시 성불하리라."

"야수다라여, 그대도 백천만억 제불의 법 중에서 보살행을 갖추고, 법사가 되어 점차로 불도를 닦아 마땅히 성불하리라."

강의 또 이 품에는 교담미와 야수다라 두 부인이 수기를 받습니다. 교담미는 마야부인이 죽자 세존을 받아 기른 양모이며, 야수다라는 세존이 출가하기 전의 부인으로서 라후라의 어머니입니다. 이들을 수기 주실 때 하신 부처님의 말씀을 깊이 생각해야합니다. "내가 앞서 모든 성문들에게 한꺼번에 다 수기를 주었는데 그대가 굳이 그대의 이름을 밝혀 수기 주는 것을 알고 싶은가."라는 말입니다. 굳이 개개인의 이름을 밝히면서 수기를 주는 일이 없더라

195

도 이미 모든 생명 모든 사람들은 본래로 부처님이라는 사실을 극명하게 인식시키는 내용입니다. 이름을 따로 부르는 형식이란 실은 불필요하며 무의미한 것입니다. 이름을 꼭 불러야 한다면 이름을 부르지 않은 과거, 현재, 미래의 수많은 사람들은 아무 것도 아니란 말입니까. 당치도 않은 이치입니다. 이름을 불러 수기의 형식을 취하는 것은 그 중에서도 근기가 하열(下劣)한 이들에게 보여주기 위한 형식에 불과합니다.

머리는 본래 그 자리에

선게에 능엄경의 이야기를 이끌어서, "연야달다실각두(演若達多失却頭) 구심헐처즉무사(求心歇處卽無事)"라고 표현한 말이 있습니다. 연야달다라는 사람이 어느 날 우연히 마음이 이상하여져서 거울을 보다가 이런 생각을 하였습니다. '거울에 있는 사람은 머리가 있는데 나의 머리는 어디 갔는가?' 라고. 그래서 여기 저기를 떠돌면서 만나는 사람마다 "나의 머리를 못 보았느냐?"고 물으면서 머리를 찾아다녔습니다. 그러다가 어떤 사람의 가르침을 받아서 문득 자신의 머리가 본래 잃어버린 적이 없고, 그 자리에 그대로 있었음을 알게 되었습니다. 즉 "연야달다는 머리를 잃어버렸다가 찾고자 하는 마음이 없어지니, 그 순간부터 아무런 일이 없더라."라는 말입니다.

그렇듯 사람은 본래 이대로 완전무결한 존재입니다. 더 이상의 꾸밈은 필요치 않습니다. 닦아 증득할 수도 없고, 장엄할 수도 없는 아무런 부족함이 없는 존재입니다. 더 이상의 닦아 증득할 일이 있다고 생각하는 것은 머리가 있는데도 그 머리 위에 다시 또 머리를 하나 올려 두고자 하는 일과 같습니다. 그것을 불교에서는 두상안두(頭上安頭)라고 합니다.

경전은 교담미와 야수다라의 실명을 거론하면서 부처님이라는 수기를 주고는 있으나 실은 그런 일은 필요치 않습니다. 부처님이 수기를 주기 이전부터 이미 완전한 부처님이기 때문입니다. 군이 실명을 들어 수기를 주어서 부처님이 된다고 말하는 것은 실은 두상안두의 일에 불과합니다. 책을 잡고 이 글을 이렇게 읽는 이 사람에게서 더 이상 부족한 것이 무엇이 있겠습니까? 이 위대하고도 신묘 불가사의한 이 사람을 잘 알아야 합니다. 이 사람에 대한 확신이 있으면 더 이상의 일은 없습니다. 참으로 일이 없는 사람이요, 일이 없는 사람이 곧 부처님입니다. 그래서 사람이 부처님이라고 하는 것입니다.

제14 안락행품 (安樂行品)

모든 경전 중에서 으뜸이다

강의 안락행이란 언제나 편안한 마음, 즐거운 마음으로 스스로 행한다는 의미입니다. 앞서 많은 사람들이 앞으로 어떠한 어려움이 닥치더라도 이 법화경의 가르침을 널리 펴겠다고 맹세하였습니다. 그러나 말세에 이 믿기 어려운 법화경을 수지하고 널리 펴는 데는 구체적으로 어떠한 마음가짐이 필요한지에 대하여 설하고 있습니다.

인욕의 경지에서 부드럽고 온화하며, 착하고 순하며, 조급하여 성질 내지 말고 마음에 공포가 없으며, 대상에 집착하지 말라는 등의 경계를 일러줍니다. 수행자로서 또는 불자로서, 사람다운 사람으로서는 당연히 가져야 할 마음가짐들입니다.

그리고 친근처(親近處)라고 하여 법화행자로서 세상 사람들과 교제하고 거래하는 데 삼가야 할 일들을 열거하면서 국왕, 왕자, 대신, 외도, 백정, 사냥꾼, 어부 등등을 가까이 하지 말라고 합니다. 그 외에도 설법할 때의 주의사항들을 세세하게 일러주고 있습니다. 법사로서의 품위와 모양을 갖추어야 법문이 더욱 빛을 발한다는 뜻입니다.

이어서 법화경의 일곱 가지 비유 중에서 여섯 번째에 해당하는 '상투 속 구슬의 비유[髻珠喩]'를 이 품에서 이야기하는데 법화경이 얼마나 훌륭한 가르침이며 소중한 가르침인가를 여실히 보여주고 있는 내용입니다.

경문 부처님께서 문수사리에게 말씀하셨습니다.

"문수사리여, 비유하자면 전륜왕이 전쟁에 공이 있는 군사들에게 갖가지 물건을 상(賞)으로 줄 때 코끼리, 말, 수레와 전택과 취락과 성읍과 혹은 의복과 갖가지 진기한 보배와 노비와 재물을 주어 기쁘게 하느니라. 그러다가 용맹하여 참으로 능히 어려운 일을 해내는 사람이 있으면 왕이 아끼던 상투 속의 구슬을 꺼내어 주는 것과 같으니라.

여래도 또한 이와 같이 모든 법의 왕으로서 인욕의 큰 힘과 지혜의 보배와 자비로써 여법(如法)하게 세상을 교화하느니라. 모든 사람들이 온갖 괴로움을 받으면 이 중생들을 위해 갖가지 법을 설하느니라. 큰 방편으로 여러 경전을 설하다가 이미 중생이 힘을 얻었음을 알고 맨 나

중에 이 법화경을 설하느니라. 마치 왕이 상투 속의 구슬을 꺼내어 주는 것과 같으니라. 이 경은 존귀하여 여러 경중에서 으뜸이기 때문에 내가 항상 수호해서 함부로 열어 보이지 않았느니라. 지금이 바로 그 때라, 너희들을 위해 설하노라."

강의 법화경은 최후의 가르침이며, 여러 경전 중에 으뜸이며, 부처님이 항상 수호해서 함부로 열어 보이지 않다가 이제야 겨우 전하게 된 비장의 가르침이라는 뜻을 비유로써 밝힙니다. 왕이 줄 수 있는 마지막의 상이 상투 위의 구슬이듯이 이 법화경이 그와 같다는 말씀입니다.

법화경의 가르침이란 무엇입니까. 탐내고 성내는 번뇌와 시기 질투 등 온갖 모순과 아픔과 결점으로 얼룩져 있는 이 못난 인간 그대로가 참 부처님이라는 충격적인 가르침입니다. 오로지 이렇게 보고, 듣고 말하고 하는 이 사람이 진정 살아있는 참다운 부처님이라는 사실을 분명히 알면 그것으로 훌륭하다는 뜻입니다. 그것에서 부족한 것은 아무 것도 없습니다.

부처님을 살해하여 불교교단을 송두리째 빼앗으려 했던 만고의 원수 제바달다가 부처님이요, 석가 세존의 스승이라는 도저히 믿어지지 않는 가르침입니다. 참으로 놀

라운 가르침입니다. 그러므로 아무에게나 일러줄 수 없는
극비의 가르침입니다. 다시 상기하거니와 법화경이 이러
한 가르침이기에 5천 명이나 되는 상당한 제자들이 그런
법문은 듣지 않겠다고 자리에서 일어나 부처님 앞을 떠나
버린 전무후무한 사건이 일어났던 것입니다. 법화경은 국
왕이 나라를 건진 최고의 공로자 단 한 사람에게만 주는
최상의 상과 같습니다. 부처님의 말씀도 조사들의 고준한
상당법어도 이러한 이치에서 더 이상의 것은 없습니다.

제15 종지용출품 (從地踊出品)

법화경은 대승불교운동의 선언서다

강의 전통적으로 법화경을 해석하는 사람들은 제1품에서 14품까지를 흔적과 자취가 있는 부처님의 세계(迹佛)를 표현한 것이라고 봅니다. 제15품에서 28품까지를 무수한 세월 전 본래부터 부처님(本佛)인 세계를 표현하였다고 합니다. 그리고 다음 품인 여래수량품(如來壽量品)이 모든 사람들이 본래 부처님이라는 뜻을 잘 전하고 있습니다.

종지용출이란 다른 국토에서 온 보살들이 법화경을 펴겠다고 하니, 부처님이 그들을 거절하자 땅이 진동하고 갈라지면서 그 곳으로부터 솟아 나온 무량 천만억의 보살들이 이 법화경을 널리 편다는 내용입니다. 상징성이 아주 뛰어나고 힘이 넘치며 거대한 민중운동의 불길을 보는 듯한 가르침입니다. 법화경의 사대(四大)보살이 땅 속에서 올라온 무수한 보살들을 이끌고 부처님께 문안을 올리는 대목이라든지, 미륵보살이 부처님께서 그들을 언제 제도하였는가에 대해 의심을 하는 내용과 그 질문에 대답하는 내용들은 법화경, 즉 불교 궁극의 가르침은 미륵보살도 제대로 이해를 못하는 경지라는 것을 암암리에 보여주고 있습니다. 그러면서 모든 사람 모든 생명들은 본래로 부처님이라는 여래수량품의 가르침을 자연스럽게 이끌어 옵니다.

여기의 대중들을 이끌고 있는 법화경의 4대 보살들이라는 분들의 이름이 뜻하는 것도 잘 생각해 볼 필요가 있습니다. 상행(上行), 무변행(無邊行), 정행(淨行), 안립행(安立行)이라고 합니다. 모두가 훌륭한 실천과 끊임없는 정진과 마음은 텅 비어 전혀 한다는 상이 없이 행하는 그와 같은 실천가들입니다.

타방에서 온 기존의 보살들이란 당시의 불교교단을 이루고 있던 권위에 집착하고 격식에 떨어져서 참다운 불교가 무엇인지를 모르는 사람들을 가리킵니다. 그들은 언제나 스스로 부처님의 참 제자라고들 하나 실은 진정한 부처님의 뜻을 모르는, 그래서 결국 영원히 나그네일 수밖에 없는 타방의 사람들입니다. 땅이 진동하면서 갈라진다는 것은 세상이 뒤바뀌는 큰 변화와 혁명을 뜻합니다. 땅속에서 솟아 올라온 사람들이란 그러한 혁명을 통하여 그 동안 숨을 멈추고 죽은 듯이 엎드려 있던 수많은 민중들이 새로운 가치에 의한 새로운 가르침을 펴야 한다는 운동을 일으키는 것입니다. 실로 이들이야말로 민중불교운동을 펴는 대중들입니다.

세존이 열반에 드시고 5, 6백년이 경과한 무렵의 일입니다. 그 때 법화경을 위시한 수많은 대승경전이 결집되었습니다. 승려들 중심의 화석화된 메마른 불교에서 피가 흐르는 살아있는 부처님의 근본 정신으로 돌아가자는 운동인 것입니다. 그것이 진정한 부처님의 사상으로 돌아가자는 대승불교운동입니다. 대승불교운동이란 곧 대중불교운동입니다. 출가한 승단(僧團) 안에만 갇혀 있던 불교에서 밖으로 나와 모든 민중들이 함께 공유해야 한다는 그런 운동입니다.

대승불교운동가, 그들의 수는 이루 헤아릴 수 없이 많습니다. 부처님은 그들이야말로 나의 가르침을 제대로 이해하고 제대로 펼 수 있는 진정한 나의 사람들이라고 인증하여 그들에게 모든 것을 믿고 맡깁니다. "이 모든 사람들이 내가 열반한 뒤에 이 경을 수호해 지니며 독송하고 널리 설할 것이기 때문이니라."라고 하십니다. 불교가 실은 그들 때문에 지상 최고의 종교요, 최상의 가르침으로 평가받고 있습니다. 그러므로 법화경을 어떤 의미에서는

'대승불교운동의 선언서'라고도 할 수 있습니다.

경문 그 때 부처님께서 타방에서 온 여러 보살들에게 이르셨습니다. "그만두어라. 굳이 너희가 이 경을 수호하지 않아도 되느니라. 왜냐하면, 나의 사바세계에는 육만 항하강의 모래 수와 같은 보살들이 있느니라. 그 하나하나의 보살마다 또 각각 육만 항하강의 모래 수와 같은 권속이 있느니라. 이 모든 사람들이 내가 열반한 후에 이 경을 수호해 지니며 독송하고 널리 설할 것이기 때문이니라."

부처님이 이 말씀을 하실 때 사바세계 삼천대천 세계의 땅이 다 진동하면서 갈라지고, 그 속에서 한량없는 천만억의 보살들이 동시에 솟아올라 왔습니다. 이 모든 보살들은 몸이 다 금색이고 32상을 갖췄으며, 한량없는 광명으로 빛났습니다. 모두 그 전부터 사바세계 아래 허공 중에 머물러 있던 중, 석가모니불께서 설하시는 음성을 듣고 아래로부터 올라온 것입니다.

하나하나의 보살들은 다 대중들을 이끄는 지도자로서 각각 6만 항하사의 권속을 거느리고 있었습니다. 또는 5만, 4만, 3만, 2만, 1만 항하사의 권속들을 거느린 이들도 있었습니다.

강의 그 많은 민중, 대중들이 모두가 그대로 부처님이라는 사실을 교묘하게 표현하고 있습니다. 이 땅에 이렇게 사는 모든 민중들이 한 사람 한 사람 모두가 그대로 완전한 부처님이라는 말씀입니다. "그들은 몸이 다 금색이고, 32상을 갖췄고, 한량없는 지혜의 광명으로 빛나고 있다고 하였습니다."

우리 모두가 이렇게 보고, 듣고 느끼고 할 줄 아는 훌륭한 신통을 가진 부처님이라는 사실입니다. 기쁜 일이 있으면 기뻐하고, 슬픈 일이 있으면 슬퍼하고, 화가 날 일이 있으면 화를 낼 줄도 아는 무량 무변 공덕을 고스란히 갖춘 미묘 불가사의한 부처님이라는 뜻입니다. 조금만 깊이 생각한다면 누구나 알아차릴 수 있는 내용입니다. 참으로 만고에 다시 없을 의미 심장한 경전입니다. 부처님이 비밀리에 간직해 두었다가 때가 되어야 설하게 된다는 최후 최상의 경전입니다.

맹인이 눈을 뜬 것과 같다

"삼천대천 세계의 땅이 다 진동하면서 갈라지고, 그 속에서 한량없는 천만 억의 보살들이 동시에 솟아올라 왔으며, 이 모든 보살들은 몸이 다 금색이고 32상을 갖췄으며, 한량없는 광명으로 빛났다."라고 경전에서는 말하고 있습니다. 이러한 사실들을 미륵보살과 그 외에 무수한 이들이 보고는 도저히 이해할 수 없어서 매우 궁금해합니다. 그리고는 이렇게 묻습니다. "세존이시여, 이 모든 한량없는 보살 대중들은 어느 곳에서 왔나이까?" 깨달음의 경지는 아무나 알 수 없습니다. 깨달은 분들의 안목은 마치 맹인이 눈을 뜬 것과 흡사합니다. 부처님은 미륵보살의 질문을 받고 이렇게 답합니다.

경문 그 때 세존께서 미륵보살에게 이르셨습니다.

"나는 이제 이 대중들 가운데서 너희에게 이르노라. 이 한량없고 수없는 아승지의 모든 보살들이 땅에서 솟아나는 것을 너희는 옛적에 보지 못한 것이니라. 내가 이 사바세계에서 최상의 깨달음을 얻고 나서 이 모든 보살들을 교화하여 보이고 이끌었느니라. 그 마음을 조복 받아 도(道)의 뜻을 일으키게 하였느니라. 이 보살들은 다 사바세계 아래의 그 곳 허공 중에 머물러 모든 경전을 독송하고 통달하여 사유하고 분별해서 바르게 기억하였느니라."

강의 그 많은 보살들이 도대체 어디서 왔는가를 대답하시는 말씀에 "내가 깨달음을 얻고 나서 이 모든 보살들을 교화하였노라."고 합니다. 그렇습니다. 깨달음의 눈을 뜨고 나면 비로소 사람들이 보이고 그 모든 사람들은 부처님으로 보입니다. 앞서 대통지승불의 이야기에도 그와 같은 말씀이 있었습니다. 능엄경에 "한 사람이 참 마음을 발하여 근원자리로 돌아가면(깨달으면) 중생의 눈으로 보던 시방세계는 모두 무너져 내리고 새로운 세상이 보이느니라〔一人發眞歸源 十方虛空 悉皆銷殞〕." 하였습니다. 깨달은 그 한 사람의 눈에는 이제 중생의 세상은 없습니다. 오로지 부처님의 세상뿐입니다. 그러므로 부처님의 눈에는 모두 부처님으로 보이고 중생의 눈에는 모두 중생으로 보이는 것이 당연합니다. 그러므로 부처님이 중생들을 제도한다는 것도 실은 부처인 중생을 제도하는 것이지 단순히 중생인 중생을 제도하는 것이 아닙니다. 이것이 중도(中道)의 안목입니다.

고봉(高峰) 원묘 스님께서 깨달음을 이루시고 법석을 마련하여 처음으로 법문을 하는 자리에 어떤 스님이 나와서 묻습니다.

"오늘 시방에서 모두 모여 부처를 만드는 장소를 열었는데 어떤 상서라도 있습니까?"라고 묻자 "산하대지와 삼라만상과 유정무정들이 모두 성불하였느니라."라고 대답했습니다. 사실입니다. 깨달음을 성취한 고봉 스님의 세계에서는 사람들만 성불한 것이 아니라, 산하대지도 삼라만상도 유정무정들도 빠짐없이 이미 다 성불한 상태입니다. 고봉 스님의 성불과 동시에 성불한 것입니다.

따라서 경전에서 말하고 있는 그 많은 보살들도 결국은 부처님이 최상의 깨달음을 이루고 난 뒤 모두 교화한 이들이라고 한 것이 곧 그러한 의미입니다. 그러므로 실로 부처님의 세계에서는 그 보살들뿐만 아니라 지금의 우리 모두들까지 다 성불한 상태입니다. 부처님 이전의 과거의 모든 사람들도 성불한 것입니다. 앞으로 올 미래의 모든 생명들도 다 이미 성불한 것입니다.

그래서 깨달음의 메시지인 이 법화경은 줄기차게 '사람이 부처님이다' 라고 가르칩니다. 고봉 스님은 "산하대지와 삼라만상까지 다 부처님이다." 라고 하십니다. 깨달음의 눈을 뜨고 나면 산도 사람도 모두가 부처님의 세계에 존재하기 때문에 모두가 부처님입니다. 깨닫지 못한 사람에게는 산도 사람도 심지어 부처님과 천하 선지식까지도 깨닫지 못한 세계에 존재하기 때문에 모두가 중생일 뿐입니다. 아무리 밝은 아침 햇살도 맹인에게는 캄캄할 뿐이듯이 말입니다. 그러나 맹인이 보지 못해도 아침햇살은 여전히 찬란하게 빛나고 있습니다. 사람이 부처님이라는 사실을 모르더라도 사람은 역시 부처님입니다. 부처님이라는 사실을 알고 모르고와는 관계없이 부처님입니다.

제16 여래수량품 (如來壽量品)

진실 생명은 영원하다

강의 여래수량이란 여래의 수명이 영원하다는 것을 설한 내용입니다. 석가모니께서는 금생에 출생과 성장과 출가와 수도와 성도와 전법과 열반 등을 보여줬습니다. 그러나 그것은 중생들의 근기에 맞추느라고 방편으로 보여주었을 뿐입니다. 실은 무량한 아승지겁 전에 이미 성불하여 이 세계에서도 다른 세계에서도 중생들을 제도하셨습니다. 여래법신(如來法身)의 수명은 한량없다는 법신성불의 참 뜻을 설했습니다. 이 생명은 여래의 생명이며 아울러 모든 인간의 진실 생명입니다. 이러한 진실 생명의 영원함을 '의사와 아들의 비유〔醫子喩〕'를 통하여 밝힙니다. 법화7유 중 일곱 번째 비유입니다.

　이 품에서는 여래의 수명, 즉 인간 진실생명의 영원함을 잘 믿지 못하는 사람들을 위해서 "여래의 참된 말씀을 믿고 이해하라."라는 말씀을 세 번이나 당부하는 '부처님의 삼계(三誡)'가 먼저 나옵니다. 여래의 그 같은 당부의 말씀을 들었지만 생명의 영원함을 제대로 아는 사람들은 흔치가 않은 듯합니다.

경문 그 때 부처님께서 여러 대중들에게 이르셨습니다.

"모든 선남자야, 너희는 여래의 참된 말씀을 믿고 이해할지니라."

"모든 선남자야, 너희는 여래의 참된 말씀을 믿고 이해할지니라."

"모든 선남자야, 너희는 여래의 참된 말씀을 믿고 이해할지니라."

"세상 사람들은 말하기를, '지금 석가모니불은 석가족의 궁전을 나와, 가야성에서 멀지 않은 도량에 앉으시어 최상의 깨달음을 얻었다.'고 하느니라. 그러나 내가 실로 성불한 지는 한량없고 가없는 나유타겁이니라.

비유하자면, 오백천만억 나유타 아승지의 삼천 대천세계를 어떤 사람이 부수어 작은 먼지로 만들어, 동방으로 오백천만억 아승지의 세계를 지나서 그 먼지 하나를 떨어뜨리되, 이와 같이 하여 동쪽으로 계속 가면서 이 먼지를 다 떨어뜨렸다면 모든 선남자야, 어떻게 생각하느냐? 이 모든 세계를 생각하고 헤아려서 그 수를 알 수 있겠느냐? 모든 선남자야, 지금 분명히 너희에게 말하리라. 이 모든 세계에 작은 먼지가 떨어진 곳과 떨어지지 아니한 곳을 다시 모두 먼지로 만들어 먼지 하나를 일 겁으로 친다 할지라도 내가 성불한 지는 이보다 훨씬 더 지나가는 것이 백천만억 나유타 아승지겁이니라. 이로부터 나는 항상 이 사바세계에 있으면서 설법하고 교화하였느니라. 또 다른 곳 백천만억 나유타 아승지 국토에서도 중생들을 인도하여 이익되게 하였느니라."

강의 이처럼 모든 사람들의 진실생명〔여래수량〕의 시작도 없고 끝도 없음을 누누이 설명합니다. 그리고 사람들이 이 놀라운 사실을 믿지 않을까 염려하여 "모든 선남자야, 너희는 여래의 참된 말씀을 믿고 이해할지니라."라는 말씀을 세 번이나 반복하여 강조하십니다. 모든 눈밝은 사람들은 한결같이 주장하시는 말씀이건만 보지 못한 이들은 잘 이해되지 않습니다. 이 영원한 생명을 깨닫고 이것을 가르치는 것이 불교의 생명입니다. 다른 종교와 다른 점도 바로 이 한 가지 사실뿐입니다. 불교는 이 한 가지 사실을 발견하여 사람들에게 깨닫게 하는 일이라고 요약할 수 있습니다.

이 생명은 천겁을 지나도 옛것이 아니고 만세에 뻗어 있어도 늘 지금 그대로인 것입니다. 모든 존재의 참 생명의 실상을 명백하게 나타낸 것입니다. 그래서 이 품은 모든 사람, 모든 생명이 본래 부처[本佛]인 이치를 가장 잘 표현하였다고 하여 법화경에서 가장 중요한 안목으로 추앙 받습니다.

영겁의 이 진실생명이란 지금 이 순간 모든 사람들이 이렇게 보고, 듣고, 알고, 느끼고 하는 그 당체(當體)입니다. 이 한 물건 외에 달리 다른 것은 없습니다. 실은 한 물건[一物]이라 하더라도 꼭 맞는 말은 아니지만.

여기에 한 물건이 있다

고인이 말씀하시기를 "여기에 한 물건이 있으니 이름도 없고 모양도 없되 무한 과거와 무한 미래를 관통하고 있네. 작은 먼지에 있지만 시방세계를 다 에워싸고 있으며, 안으로는 온갖 미묘 불가사의한 재주를 다 가지고 있고, 밖으로는 모든 사물, 모든 변화에 잘도 맞추며 감지할 줄 안다네. 하늘에나 땅에나 사람에게 있어서나 언제나 주인이며, 세상물건 세상변화에 늘 왕 노릇을 하네. 텅 비고 넓어서 어디에 비교할 데가 없고, 높고 우뚝하여 누구 하나 짝할 이 없네. 그러면서 고개를 숙이고 들고 하는 그 곳에 분명히 있고, 보고 듣는 그 곳에 은밀히 스며 있으니 참 신기하고 신기하구나. 천지보다 먼저 있었으나 그 시작이 없고, 천지보다 뒤에까지 있어도 그 끝이 없구나. 아, 진정 오묘 불가사의함을 이를 데 없네. 이것은 진정 있는 것인가, 없는 것인가? 내 진정 그 까닭을 모르겠노라."

고려 말 함허 스님께서는 금강경을 강설하시면서 그 서두에 부처님의 생명, 즉 모든 존재의 진실생명에 대해서 이렇게 노래해서 8백여 년의 세월 동안 만고의 명문으로 인구에 회자되고 있습니다.

이 보고 듣고 느끼고 아는 것을 옛 사람들은 신령스럽게 안다 하여 영지(靈知)라고도 하였습니다. 또 신기하게 아는 능력이라 하여 신해(神解)라고도 하였습니다. 혹은 말을 듣는 그 사람〔聽法底人〕이라고 바로 지적하여 표현하기도 하였습니다.

황벽단제(黃檗斷際) 선사는 전심법요(傳心法要)에서 이렇게 말했습니다. "모든 부처님과 일체 중생은 오직 사람의 한 마음일 뿐이다. 그 외에는 다른 이치가 없다. 이 사람의 마음이란 무한한 세월 이전부터 일찍이 생긴 것도 아니고 없어진 것도 아니다. 푸른 것도 아니고 누른 것도 아니다. 형상도 없고 있고 없음에도 소속되지 않는다. 옛

것이거나 새로운 것도 아니다. 길거나 짧은 것도 아니다. 크거나 작은 것도 아니다. 모든 한계와 양과 이름과 언어와 종적과 상대적인 것을 초월하였다. 보고 듣고 알고 느끼는 그 자체일 뿐이다. 굳이 그것을 알려고 생각을 쓰면 오히려 틀려버린다. 마치 저 허공과 비슷하여 가(邊)가 없고 측량하거나 헤아릴 수 없다.

오직 이 사람의 한 마음이 부처님이다. 부처님과 중생이란 것은 전혀 다른 것이 아니다. 다만 중생들이 외적 형식에 집착하여 부처님을 찾는다면 찾을수록 더욱 잃어버리리라. 그것은 곧 부처님을 사용하여 부처님을 찾는 일이다. 마음을 가지고 마음을 찾는 일이다. 그런 식으로 하다가는 미래제가 다하도록 이 몸, 이 마음을 다해도 끝내 찾을 길이 없으리라."라고 하였습니다.

서산(西山) 스님은 선가귀감에서 이렇게 말씀하셨습니다.

"여기에 한 물건이 있는데, 본래부터 한없이 밝고 신령스러워 일찍이 생기지도 않았고 없어지지도 않았다. 이름을 지을 수도 없고 모양을 그릴 수도 없다."라고 하시고, 스스로 주해하기를, 한 물건이란 무엇인가? 옛 어른이 이렇게 읊었다. '옛 부처님이 나기 전에 의젓이 하나의 원만한 모양이 있었다. 그것을 석가도 몰랐거니 어찌 가섭이 전할 수 있으랴?"

이것이 한 물건의 나지도 않고 없어지지도 않으며, 이름 지을 길 없고 모양 그릴 수도 없는 이유다. 육조 혜능 스님이 대중에게 물었다. '나에게 한 물건이 있는데 이름도 없고 모양도 없다. 너희들은 알겠는가?' 이 때 하택 신회 선사가 곧 나와서 대답하기를 '모든 부처님의 근본이요, 신회의 부처 성품입니다.' 하였으니, 이것이 육조의 서자가 된 이유다. 남악 회양 선사가 숭산으로부터 와서 뵙자 육조 스님이 묻기를 '무슨 물건이 이렇게 왔는가?' 할 때 회양은 어찌할 줄을 모르고 쩔쩔매다가 8년 만에야 깨치고 나서 말하기를, '가령 한 물건이라 하더라도 맞지 않습니다.' 라고 하였으니, 이것이 육조의 맏아들이 된 연유이다."

서산 스님은 이렇게 하여 부처님과 모든 조사가 밝힌 불법의 근본 종지(宗旨)를 드러내어 보였습니다. 이것은 곧 법화경의 종지에 부합하며, 따라서 여래수량품의 근본 종지이며 불교의 근본 종지인 것입니다.

방편을 알아야 진실을 안다

여래수량품을 법화경의 백미, 또는 안목이라고 하는 이유를 잘 알면 불교의 핵심을 이해한 것이 됩니다. 그리고 인간의 무한가치를 깨달은 것이 됩니다. 왜냐하면 부처님과 보살들과 역대조사들이 모두 이 여래의 수량, 즉 모든 존재의 진실생명을 깨달아서 불보살이 되고 역대조사가 되었기 때문입니다. 석가모니 부처님도 또한 이 한 가지의 사실을 깨달아서 중생들을 관찰해 보니, 모두가 여래의 지혜와 덕상(德相, 진실생명)을 소유하고는 있으나 다만 망상과 집착으로 인하여 알지 못한다는 사실을 알고 비로소 법석을 펼쳐서 오늘에 이른 것입니다.

그러나 이 진실생명의 위대함을 아는 이가 드물어 부처님은 하는 수 없이 온갖 방편을 다 써가며 만 중생들에게 이해시키려고 하였던 것입니다. 흔히 '개권현실(開權顯實)'이라 하여 방편의 문을 열어야 진실이 드러난다고 하였습니다. 진실은 언제나 방편으로 포장되어 있습니다. 그러므로 방편을 잘 이해해야 진실을 만납니다.

경문 "선남자야, 내가 연등불(燃燈佛) 등의 일을 말하고 또 그가 열반에 들었다고 말하였으나 그것은 모두 방편으로 한 말이니라. 선남자야, 어떤 중생이 나의 처소에 찾아오면 나는 부처의 안목으로 그들의 믿음과 오근(五根)의 총명하고 둔함에 맞추어 설법하느니라. 이름도 같지 않고 수명도 같지 않으며 열반에 드는 것이든지 갖가지 방편으로 미묘한 법을 설해서 중생들로 하여금 환희심을 일으키게 하느니라. 선남자야, 여래가 설한 경전은 모두 중생을 제도하여 해탈케 하기 위함이니라. 혹 자신에게 관계되는 이야기를 하기도 하고, 혹 남의 이야기를 하기도 하며, 온 갖 인연과 비유의 말로써 중생들의 갖가지 욕망과 성품과 행위에 맞추어 제도하느니라."

강의 이 세상에 존재하는 것은 오직 진실생명인 일불승(一佛乘)뿐입니다. 그러나 삼라만상과 유정무정을 모두 일불승으로 볼 줄 아는 사람은 흔치 않습니다. 일불승으로 이해되기까지는 수많은 방편의 말씀이 필요했던 것입니다. 중생들의 근기에 맞추느라고 하는 수 없이 있는 이야기도 하고, 없는 이야기도 합니다. 어린아이의 울음을 그치게 하기 위해서는 오지 않은 호랑이도 밖에 와 있노라고 말할 수밖에 없는 것이 세존의 고충입니다.

그러나 지금 최후의 가르침인 법화경을 설하는 마당에서는 모든 것이 방편이었노라고 다 고백을 해야 합니다. 그리고 중생들에게 이해를 받아내야 합니다. 그래서 "그대들은 내가 거짓말을 했다고 할 것인가? 아닙니다. 그것은 거짓말이 아니고 방편의 말씀입니다."라는 대화도 법화경에 있습니다.

부처님의 탄생과 출가와 고행과 성도와 설법과 열반이 모두 중생들의 근기(根機)를 맞추기 위한 방편입니다. 여래의 진실생명은 그런 외형적인 것이 아니면서 그 하나 하나의 외형에 그대로 포함하여 있다는 이 어려운 사실을 이해해야 합니다. 모두가 순간의 일이면서 영원의 일이라는 이 엄청난 진실을 깨달아야 합니다. 부분과 전체의 관계와 순간과 영원의 관계의 실상을 잘 이해해야 합니다. 시간을 초월해 있으면서 시간 안에 있고, 공간을 뛰어넘어 있으면서 공간 안에 있는 제법실상(諸法實相)의 도리를 이해해야 법화경이 이해되고 여래수량품이 이해되고 궁극적으로 불교가 이해됩니다. 수많은 방편을 뛰어넘어 여래의 진실을 깨닫는 그 때가 비로소 불법을 알고 불법에 귀의하는 때입니다.

가까운 사실로 먼 것을 드러내다

여래수량품을 해석하는 말에 개근현원(開近顯遠)이라는 것이 있습니다. 우리들에게 가까이 있는 사실을 출발점으로 하여 그 사실의 근원을 점차적으로 더듬어 찾아서 가장 멀리 있는 것을 나타낸다는 의미입니다. 가까이 있는 사실이란 세존이 세상에 오시어 진리를 깨닫고 그 깨달음의 길을 많은 사람들에게 설법하셨다는 사실입니다. 멀리 있는 것을 나타낸다는 것은 세존이 깨달으신 진리〔法〕란 세존이 태어나기 이전부터, 지구상에 인류가 태어나기 이전부터 존재하고 있는 것입니다. 무량 아승지 세월 이전부터 존재하고 있는 진리를 세존은 깨달았던 것입니다. 이처럼 세존의 출생과 성도(成道)라는 가까운 일에 의해서 아주 오랜 예전부터 존재했으나 아무도 몰랐던 '진리'라는 것이 비로소 밝혀진 것입니다. 그래서 여래라는 뜻도 진리 그 자체를 일컫는 말입니다. 진리 그 자체를 여래라고 하는 것은 진리를 깨달은 사람과 진리가 둘이 아니기 때문이며, 그 깨달음으로 그는 곧 진리 자체가 되었기 때문입니다. 여래수량품을 '개근현원'이라는 말로 해석하는 의미가 바로 이와 같습니다.

불생불멸이 불교의 진리

그렇다면 영원하다는 진리〔法〕란 무엇이겠습니까. 모든 존재의 실상입니다. 법화경에 "온갖 세상은 진리의 자리에 있으므로 이 세상은 그대로 상주불멸(常住不滅)하는 것이다〔是法住法位 世間相常住〕."라고 하였고, 화엄경에는 "모든 존재는 새로 생기는 것도 없고, 사라지는 것도 없다. 만약 이러한 이치를 알면 부처님이 항상 앞에 나타나 있다〔一切法不生 一切法不滅 若能如是解 諸佛常現

前]."라고 하였습니다. 반야심경에도 "모든 존재의 실상
〔空相〕은 불생불멸이다."라고 하였습니다. 불교가 깨달은
진리를 한마디로 표현하면 '모든 존재의 불생불멸' 입니
다. 산하대지도 삼라만상도 유정무정도 모두가 불생불멸
이며, 진리며, 부처님입니다. 이러한 이치를 깨우쳐 주고
자 부처님은 갖가지 방편으로 인연과 비유를 들어서 설
법하셨습니다.

부처님은 어진 의사

경문 부처님이 말씀하셨습니다.

  "마치 의원이 좋은 방편으로 정신을 잃어버린 아들들을
고치려고 당신은 살아 있는데도 죽었다고 말하지만 그것
을 거짓이라고 할 수 없느니라. 나도 또한 중생의 아버지
로서 그들의 모든 고통을 구제하는 사람이니라. 전도된
범부들을 위해 사실은 존재하지마는 열반하였다고 말하
느니라. 중생들은 항상 나를 보기 때문에 방자하고 교만
한 생각을 내며, 방일하고 오욕에 집착해서 악도에 떨어
지느니라. 그래서 나는 항상 중생들이 잘 살펴서 마땅히
제도될 것을 따라서 갖가지로 법을 설하느니라."

강의 의사와 아들의 비유로서 훌륭한 의사인 아버지가 없

는 동안 아들들이 잘못하여 독약을 먹고 실성하였습니다. 갖가지 방편으로 좋은 약을 주어 치료했으나 혹 먹는 이도 있고 혹은 아버지만을 믿고 먹지 않는 이도 있었습니다. 아버지는 멀리 떠나서 죽었다는 전갈을 보냅니다. 그러자 아들들은 약을 찾아 먹고는 비로소 병을 고쳤다는 이야기입니다. 의사는 부처님이시고, 아들들은 중생, 좋은 약은 법화경의 일불승〔人佛思想〕의 진리입니다. 중생의 병을 고치는 색과 향기와 맛이 뛰어난 이 일불승의 약이란 이 세상에는 성문도 연각도 없고 오직 부처님만 존재한다는 가르침입니다. 아무리 눈을 닦고 봐도 이 세상에는 오로지 사람인 부처님만 계십니다. 모두들을 부처님으로 받들어 섬깁시다. 부처님으로 받들어 섬기면 그도 행복하고, 나도 행복하고 세상이 모두 행복합니다. 다른 약은 없습니다.

제17 분별공덕품 (分別功德品)

무량공덕은 자신에게

강의 무릇 인간이 하는 행위에는 그 대가가 있기 마련입니다. 특히 종교적 수행에는 더욱 그렇습니다. 법화경의 진리인 부처님 수명의 영원함을 듣고 이해하고 믿는다면 그에 따른 공덕은 무어라 표현할 수 없을 정도로 많을 것입니다. 그 공덕은 또한 사람에 따라서 달리 나타납니다. 똑같이 들었더라도 이해하고 믿는 정도는 근기에 따라서 다각각 다르기 때문입니다. 영원한 생명에 대한 신앙심에 의해서 심경이 변하고 심경이 변함에 따라서 인생이 바뀐다고 하는 것을 공덕이라고 합니다. 분별공덕이란 여래수량, 즉 부처님의 수명이 장원함을 듣고 그 수명은 사람 사람들의 진실생명이라는 사실에 눈을 뜨고 이해하고 믿는 데 따르는 공덕을 헤아려서 설명한 내용입니다.

경문 그 때 세존께서 미륵보살에게 이르셨습니다.

"아일다여, 내가 이 여래의 수명이 장원(長遠)함을 설할 때, 육백팔십만억 나유타 항하사의 중생들이 생과 사가 없는 도리[無生法忍]를 얻었느니라. 또 그 천 배의 보살들이 문지(聞持) 다라니문을 얻었고, 또 일 세계 미진수의 보살들이 요설무애변재(樂說無碍辯才)를 얻었으며, 또 일 세계 미진수의 보살들이 백천만억의 한량없는 선(旋)다라니를 얻었느니라."

또 삼천대천세계의 미진수 보살들은 능히 불퇴전(不退轉)의 법륜을 굴리며, 또 이천 중국토 미진수 보살들은 능히 청정한 법륜을 굴리며, 또 소천 국토 미진수 보살들은 8생(生)만에 최상의 깨달음을 얻었느니라.

강의 수기를 주는 장면에서 자주 강조하였듯이 석가세존만 부처님이 아니라 사람 사람들이 모두 부처님이라고 하였습니다. 수기의 진정한 의미가 모든 사람들을 부처님으로 끝없이 신뢰하고 받들어 섬기자는 데 있다고 하였습니다. 석가세존의 수명이 영원 불멸이라면 사람 사람들의 수명도 또한 영원 불멸입니다. 우리 모두의 진실 생명도 또한 영원 불멸, 불생 불멸입니다. 이러한 사실을 진정으로 알아들었다면 그 공덕이 얼마나 훌륭하겠습니까. 그 기쁨 또한 어떠하겠습니까. 참으로 심경이 바뀌고 인생이 바뀐 것입니다.

육조 스님께서 깨달음을 이루시고 처음으로 하신 말씀, 즉 오도송(悟道頌)이 잘 표현해 주고 있습니다. 육조 스님은 매우 가난한 집에서 살았습니다. 홀어머니를 봉양하느라고 나무를 시장에다 팔아야 했습니다. 어느 날 나무를 팔고 돌아서는데 금강경 읽는 소리를 듣고 마음이 환하게 밝아졌습니다. 세상에 불교라는 것이 있는지도 모를 뿐만 아니라 일자무식이었습니다. 그 인연으로 오조(五祖) 스님에게 인도되어 다시 한번 마음의 눈을 크게 떴으며, 일체 만법이 자기의 자성 안에 있음을 크게 깨닫고 이렇게 말했습니다.

"내 자성이 본래 스스로 청정하고, 내 자성이 본래 생멸이 없으며, 내 자성이 본래 모든 것을 구족하였고, 내 자성이 본래 동요가 없으며, 내 자성이 일체 만법을 만들어 낸다는 사실을 내 어찌 짐작이나 하였겠는가."

가난하고 무식하며 친척마저 없는 외로운 인생, 사회적인 통념으로 보면 참으로 보잘것없는 삶을 살고 있었습니다. 그러나 마음의 눈을 뜨고 보니 내 자신은 너무도 훌륭하고 뛰어났습니다. 1백 년이 못 되어 없어지는 삶이라고 생각했는데 실은 불생 불멸의 영원한 인생이었습니다. 가

난한 것이 아니라 만행 만덕(萬行萬德)을 모두 갖추었고
아울러 이 세상 모든 것이 자신의 소유며 자신이 주인이
라는 이 풍요롭고 부유함과 영원함을 누리게 되었습니다.
사람에 따라서 차이는 있으나 불교를 믿고 이해하는 진정
한 공덕은 이와 같습니다.

사실은 아니지만 진실이다

불교에서는 불생불멸을 쉽게 말합니다. 천도재(薦度齋)
를 지내는 이유도 사람들의 생명이 불생불멸이라는 데에
근거를 둡니다. 만약 인간의 진실생명이 영원하다고 생각
하지 않는다면 천도재는 있을 수 없습니다. "신령스러운
근원은 맑고 고요하여 예도 이제도 없으며, 미묘한 본체
는 밝고 밝아서 생사가 없네."라는 염불을 곧잘 합니다.
하지만 그와 같은 불생불멸을 제대로 믿고 이해하기란 쉬
운 것이 아닙니다. 생명의 영원성에 대하여 실로 깊은 마
음으로 믿고 이해한다면 세상은 전혀 달리 보일 것입니
다. 심경이 변하여 세상이 달리 보이고 세상이 달리 보이
므로 인생이 바뀌는 무량한 공덕이 나타납니다.

경문 부처님이 말씀하셨습니다. "아일다여, 만약 선남자
선여인이 '나의 수명이 장원하다'라는 말을 듣고 깊은 마

음으로 믿고 이해한다면, 곧 내가 항상 기사굴산에 있으면서 보살과 성문대중들에게 에워싸여 설법함을 보게 되리라. 또 이 사바세계의 땅이 유리로 되고 지면은 평탄하며, 염부단금으로 여덟 갈래 교차로에 경계를 만들고 보배로 된 나무가 늘어서고, 온갖 집과 누각들이 다 보배로 이뤄졌는데 보살 대중들이 그 안에 거처함을 보리라. 깊이 믿고 이해만 하더라도 이러하니라."

강의 매일 아침저녁으로 반야심경을 외면서 불생 불멸을 노래합니다. 그런데 그 안에 있는 불생 불멸 네 글자만 깊이 믿고 이해하면 위의 경문에서 말씀하신 것과 같은 인생을 삽니다. 영원한 진리를 믿고 이해하고 나아가서 눈을 뜬다는 일의 공덕이 놀랍습니다. 화엄경에는 그 표현이 더욱 충격적입니다.

"부처님이 보리도량에서 비로소 정각(正覺)을 이루시니, 그 땅은 견고하여 모두 다이아몬드로 이뤄졌더라. 가장 아름다운 보배로 된 바퀴와 보배 꽃과 뛰어난 마니 보배들로 장엄되었더라. 보리수도 또한 높고 잘 생겼는데 역시 다이아몬드로 몸뚱이가 되고 유리로 줄기가 되었으며 온갖 아름다운 보배들로 가지가 되었더라. 여래께서 머무시는 궁전과 누각은 넓고 장엄하고 화려하여 시방에

충만하며 가지각색의 마니 보배로 이뤄졌더라."

이 모두가 인간의 진실생명에 대한 개안(開眼)으로서 있을 수 있는 현상들입니다. 그렇다고 해서 부처님이 정각을 이루신 그 땅이 유리나 다이아몬드로 되었을 리도 없습니다. 오늘 이 순간도 그 곳은 척박한 모습 그대로입니다. 실은 땅은 유리나 다이아몬드가 아닌 흙으로 되어 있어야 합니다. 보리수도 그렇습니다. 나무는 나무의 성질로 되어야 아름답고 쓸모도 있습니다. 경전에서처럼 다이아몬드나 유리로 되었다면 나무로서의 가치는 상실하였으며 모조품입니다. 어디에도 이런 것은 없습니다. 있어서도 안 됩니다.

그러나 이 모든 표현들은 사실은 아니지만 깨달은 사람들의 마음에는 진실입니다. 이보다 더한 표현도 가능합니다. 종교적 체험이란 사실과 다르더라도 그것은 진실이라는 데 그 중요함이 있습니다. 천지는 진동하고 하늘에는 꽃비가 쏟아지고 가릉빈가의 아름다운 노래 소리 울려 퍼진다는 말씀도 또한 같은 것입니다. 불교적으로 높은 체험자들은 누더기를 입고 밥을 빌어먹으며 노숙을 하는 처지라 하더라도 경전의 말씀과 같은 삶을 누리고 살아갑니다. 생명은 영원하고 온갖 지혜와 자비는 무량하며 산하대지와 삼라만상들이 모두 자신의 것이라 그 풍요로움을 이루 표현할 길이 없습니다. 그들의 주위에는 모두 불보살들만 가득하여 시기 질투나 음해 모략 같은 일은 있을 수 없습니다. 실로 불교를 믿고 이해하고 느끼고 깨닫고 하는 사람들의 공덕인생이란 이와 같습니다.

제18품 수희공덕품(隨喜功德品)과 제19품 법사공덕품(法師功德品)도 모두 법화경의 공덕에 관한 이야기이고 지면도 부족하므로 생략합니다.

제20 상불경보살품 (常不輕菩薩品)

인간에 대한 끝없는 신뢰

강의 사람이 살아가는 데는 무엇보다 우선하는 것이 사람이 사람을 신뢰하는 일입니다. 한 가정이나 단체나 국가가 모두 그렇습니다. 화엄경에 "사람이 행복의 터전이다. 평화와 행복이 그로부터 생기기 때문이다〔人是福田 能生一切善法故〕."라고 하였습니다. 석가세존도 부처님이 될 수 있었던 것이 사람들을 부처님으로 받들어 섬겼기 때문입니다. 인간을 신뢰하는 일의 극치는 아래의 상불경보살이 보여준 내용입니다.

경문 부처님이 말씀하셨습니다. "지나간 옛적 위음왕 여래가 계시다가 열반에 들고 불법이 바르게 유지되던 정법시대가 끝나고 상법(像法)시대에 깨달은 체하며 교만을 부리는 비구들이 큰 세력을 이루었느니라. 그 때 상불경

(常不輕)이라는 보살비구가 있었느니라. 득대세야, 무슨 이유로 상불경이라고 부르게 되었는가. 이 비구는 만나는 비구, 비구니, 우바새, 우바이마다 절을 하고 찬탄하면서 이렇게 말하였느니라. '나는 그대들을 몹시 공경합니다. 감히 교만하게 가벼이 보지 않습니다. 그것은 당신들 모두가 보살의 도를 닦아 부처님이 될 것이기 때문입니다.' 라고 하였느니라.

그러나 이 비구는 경을 읽거나 외우지 않고 단지 이렇게 사람들에게 예배만 하였느니라. 심지어 멀리서 사부대중들을 보아도 일부러 찾아가 절을 하고 찬탄하면서 말하기를 '나는 감히 그대들을 가벼이 보지 않습니다. 그대들은 다 부처님이 될 것이기 때문입니다.' 라고 하였느니라. 사부대중들 가운데서 성을 잘 내고 마음이 깨끗하지 못한 자가 추악한 말로 욕을 퍼붓기를, '이 무지한 비구야, 어디서 왔느냐, 너는 우리를 가벼이 보지 않는다고 하면서 우리들이 부처가 될 것이라고 수기를 하는데 우리들에게는 이와 같은 허망한 수기는 필요 없다.' 라고 하였느니라.

이렇게 여러 해를 지내면서 그는 늘 욕을 먹었지만 성을 내지 않고 항상 말하기를 '당신은 부처님이 될 것입니다.' 라고 하였느니라. 이런 말을 할 때 많은 사람들이 몽둥이로 때리거나 기와와 돌을 던지면 먼 곳으로 피해 달

아나면서 큰소리로 부르짖기를 '나는 그대들을 가벼이 보
지 않습니다. 그대들은 모두 부처님이 될 것입니다.' 라고
하였느니라. 그가 항상 이런 말을 하였기 때문에 깨달은
체하면서 교만을 부리던 비구, 비구니, 우바새, 우바이들
이 그를 상불경이라고 부르게 되었느니라. 득대세야, 어
떻게 생각하느냐. 그 때 상불경이 어찌 다른 사람이겠는
가. 바로 나였느니라."

강의 나를 욕하고 괴롭히고 시기 질투로 음해하고 모함하
고 몽둥이나 돌로 때리는 사람들을 부처님으로 받들지 않
고는 달리 해결의 길은 없습니다. 대립하고 갈등하고 원
수 갚고 싸워서 이기려는 방법은 끝내 해결책이 아닙니
다. 세존은 여러 번이나 자신을 살해하려 했던 제바달다
를 스승으로 모시고 부처님으로 받들어 섬겼습니다. 모국
인 카필라를 침범하여 동족인 석가족을 무수히 살해한 코
살라국의 유리왕을 한 번도 미워하거나 원망하지 않았습
니다.

　원한관계를 해결하기 위해서가 아니라 실로 그들은 완
전무결한 부처님이기 때문이었습니다. 이처럼 법화경에
서 전편을 통하여 이야기 하고자 하는 진정한 뜻은 "사람
사람들이 모두가 부처님이다. 사람들을 부처님으로 받들

어 섬기면 그도 행복하고 나도 행복하고 세상이 모두 행복하다."라는 그 한마디를 전하기 위한 것입니다. 부처님께서는 "그 어떤 사람도 차별은 있을 수 없다 오로지 부처님만 있을 뿐이다[唯有一佛乘 無二亦無三]."라고 수차에 걸쳐 말씀하셨습니다. 인간에 대한 이와 같은 끝없는 신뢰를 어느 종교 어느 가르침에서 볼 수 있겠습니까.

상불경 보살에 대한 이야기는 법화경 전편을 통해서 가장 많이 인구에 회자되는 말입니다. 법화경에는 "사람이 부처님이다."라는 수기의 내용이 많았습니다. 그 수기의 내용 절정에 있는 품이 또한 이 상불경보살품입니다.

경문의 말씀대로 상불경보살의 입을 통하여 모든 사람들을 한꺼번에 수기합니다. 과거에 이 땅에 왔다 간 무수한 사람도, 현재의 모든 사람들도, 그리도 또 미래에 올 한량없는 모든 생명 모든 사람들을 한꺼번에 수기한 것입니다. 그는 경을 읽거나 참선을 하거나 하지도 않습니다. 오로지

"나는 감히 그대들을 가벼이 보지 않습니다. 그대들은 다 부처님이 될 것이기 때문입니다. 그러므로 나는 당신들을 부처님으로 받들어 섬깁니다."

라고 하면서 예배하고 받들어 섬기는 것으로써 최상의 수행으로 여겼습니다.

그렇습니다. 불교의 여러 가지 수행법 중에서 이보다 더 훌륭한 수행은 없습니다. 인간에 대한 끝없는 신뢰로써 사람들을 행복하게 하고, 세상을 평화롭게 하는 이와 같은 수행은 다시 없을 것입니다.

제21 여래신력품 (如來神力品)

신비한 능력이란 물긷고 나무하는 것

강의 여래의 신력이란 여래의 신비한 능력, 또는 신통한 힘을 뜻합니다. 앞의 품에서 땅에서 솟아나온 무수한 보살들, 즉 말없이 엎드려서 때를 기다리고 있던 수많은 일반 민중들이 부처님이 열반하신 후에 일심으로 몸과 목숨을 다해서 부처님의 위대한 법을 펴겠노라고 서원을 세웁니다. 그러자 부처님께서 어여삐 생각하시고 지켜 보호하며 증명하겠다는 뜻에서 열 가지의 신통한 힘을 나타내 보였다는 데서 여래신력품이라 합니다.

경문 그 때 세존께서 문수사리 등 한량없는 보살마하살과 비구, 비구니와 우바새 우바이 등 온갖 대중 앞에서 큰 신통력을 나타내시었습니다. 넓고 긴 혀를 내시어 위로 범천 세계에까지 이르고, 일체 모공(毛孔)에서는 한량없는

235

색깔의 광명을 놓으시어 시방세계를 두루 비추시었습니다. 그러니 여러 보배 나무 아래의 사자좌에 계신 모든 부처님들께서도 이와 같이 넓고 긴 혀를 내시고, 한량없는 광명을 놓으시었습니다. 석가모니불과 보배 나무 아래의 모든 부처님들께서 신통력을 백천년 동안 나타내신 후에 혀를 거두시었습니다. 그리고 일시에 큰 기침을 하시고 함께 손가락을 튀기시니 이 두 가지 소리가 두루 시방 제불의 세계에 이르러 땅이 여섯 가지로 진동하였습니다.

강의 경문에서 말하는 열 가지 신통이란 넓고 긴 혀를 내시고, 광명을 놓고, 기침을 하시고, 손가락을 튀기시고, 땅이 진동하고, 온 세계에서 이 법회를 보며, 공중에서 법화경 설법을 들으라는 음성이 있고, 모두 부처님께 귀의하고, 멀리서 사바세계에 공양물을 흩뿌리고, 시방세계가 하나로 된 것입니다. 모두가 여래가 할 수 있는 동작들로서 보살들을 격려하고 위로하고 힘이 되게 한 것입니다.

옛 인도의 관습상 자신의 말이 맹세코 진실이라는 뜻에서 혀를 내는 일이 있습니다. 그래서 부처님의 설법도 진실한 말씀이라는 뜻으로 광장설(廣長舌)이라고도 표현합니다. 광명을 놓거나 기침을 하거나 손가락을 튀기거나, 하나하나 살펴보면 여래로서는 특별할 것이 없는 신통한 능력입니다. 그렇습니다. 신통한 능력이란 모든 사람들이 다 할 수 있는 그런 일입니다. 볼 수 있고 들을 수 있고, 느끼고 알 수 있고, 울고 웃을 수 있는 그러한 힘이 곧 신통력입니다. 실로 이 일보다 더 신통한 힘이 무엇이 있겠습니까. 이 외에 기이하거나 특별한 초능력적인 신통을 찾는다면 그것은 삿된 법이거나 외도(外道)의 일입니다. 경전의 열 가지 신통이란 실은 부처님의 일상사(日常事)며, 법이 으레 그러한 것들이며, 보고 듣고 알고 말하는 신통의 상징적 표현입니다. 그리고 격려와 증명의 뜻이 담겨 있습니다.

옛 선게(禪偈)에 "신통병묘용(神通並妙用) 운수급반시(運水及搬柴)"라고 하였습니다. "신통과 묘용이라는 것이 무엇인가. 물을 길어오고 땔나무를 해오는 일이라네."라고 하였습니다. 사람이 살아가는 데 있어서 할 수밖에 없는 불가피한 일이며, 당연히 하는 일이며 누구나 할 수 있는 일입니다. 신통한 능력이라면 이것이 곧 신통한 능력입니다. 물을 긷고 땔나무를 운반하고, 사람을 만나 대화를 나누고, 웃고 울고 기뻐하고 슬퍼하는 이러한 능력이야말로 진정한 신력(神力)입니다.

불교인이라고 자처하면서도 무슨 행사가 있을 때 비가 오고 날이 맑아지는 자연의 현상들을 두고 부처님의 가피

력(加被力)이니 신통이니 하는 말들을 곧잘 합니다. 큰스님들의 열반과 연관시켜서 천둥이 치거나, 비가 오거나, 번개가 치거나, 날씨가 개이거나 하는 일을 큰스님의 법력이라고 합니다. 큰스님의 열반이 없는 날도 언제나 그와 같은 자연현상은 있습니다. 이것은 기독교적 사고에서 온 발상이거나 사교(邪教)에서 기인한 생각입니다. 결코 불교적인 견해가 아닙니다. 불교를 공부하는 사람으로서는 무엇보다 중요한 것이 참되고 바른 견해입니다. 신통에 대한 올바른 견해가 있어야 불교를 바르게 이해합니다. 그렇지 않으면 사교며, 외도의 가르침을 따르는 일이 됩니다.

제22 촉루품 (囑累品)

여래는 일체 중생의 대시주(大施主)

강의 불교인이 실천해야 할 수많은 덕목(德目) 중에서 보시를 매우 중요하게 생각합니다. 그러나 무엇을 보시해야 진정한 불교적 보시가 되며 값진 보시가 되는가 하는 것은 크게 마음을 쓰지 않는 것 같습니다. 여기 경문에서 부처님도 자신이 대시주라고 스스로 지칭하시면서 중생들에게 무엇을 보시하였는가를 잘 살펴보십시오. 가장 소중한 그리고 부처님이 즐겨하신 보시가 무엇인지를 알 수 있습니다. 여래는 일체 중생에게 지혜를 준다고 하셨습니다. 지혜를 줌으로써 중생의 대시주라고 하셨습니다. 불자로서 그것을 본받는다면 부처님이 남기신 지혜의 가르침을 몸과 목숨을 다하여 널리 전하는 일이 곧 최상의 보시가 됩니다. 부처님이 행하신 보시가 무엇보다 우선하는 것이 되어야 한다는 사실을 깊이 명심해야 합니다.

경문 그 때 석가모니 부처님께서 법좌에서 일어나시어 큰 신력을 나타내시고, 오른 손으로 한량없는 보살들의 머리를 만지시고 말씀하셨습니다.

"내가 한량없는 백천만억 아승지겁에 이 얻기 어려운 최상의 깨달음의 법을 닦고 익혔느니라. 이를 이제 너희에게 부촉(付囑)하노니, 너희는 응당 일심으로 이 법을 펴서 널리 전하게 하라. 여래는 대자비가 있어 모든 것에 아낌이 없고 또 두려움도 없느니라. 능히 중생들에게 부처의 지혜와 여래의 지혜와 자연의 지혜를 주나니 여래는 일체 중생의 대시주(大施主)이니라. 너희도 여래의 법을 따라 배워 인색한 마음을 내지 말아야 하느니라."

강의 불교의 수많은 가르침 중에서 만약 가장 중요한 한마디만을 선택한다면 그것은 당연히 '지혜'가 됩니다. 불교를 깨달음의 가르침이라 하며 그 깨달음이란 곧 지혜를 뜻합니다. 이 지혜를 좀 더 부연해서 말하면, '부처의 지혜, 여래의 지혜, 자연의 지혜'라고 표현합니다. 여래께서 진정으로 일체 중생에게 주고자 하는 것은 이 지혜며, 다른 사람들에게도 꼭 당부하고 싶은 것은 이 지혜를 베풀어주는 일이니, 결코 지혜를 주는 일에 인색하지 말라고 말씀하십니다. 이 지혜를 주는 일이야말로 진정한 보시

240

며, 진정한 시주자라고 하십니다. 부처님의 지혜를 터득하는 일이란 보통 사람들로서는 부지런히 부처님의 가르침을 공부하는 일입니다. 자신이 먼저 부처님의 지혜를 터득하는 것도 자신에 대한 큰 보시이며, 다른 사람에게 부처님의 지혜를 일러주는 것은 다른 사람에 대한 큰 보시입니다.

경문 부처님이 말씀하셨습니다.

"미래세에 만약 선남자 선여인으로서 여래의 지혜를 믿는 이가 있으면, 마땅히 이 법화경을 설하여 듣고 알게 하라. 그 사람으로 하여금 부처님의 지혜를 얻도록 하기 위함이니라. 만약 중생으로서 믿지 않는 이가 있으면, 마땅히 여래의 다른 깊고 묘한 법 중에서 보이고 가르쳐서 이롭게 하고 기쁘게 할지니라. 너희가 능히 이와 같이하면 이는 곧 모든 부처님의 은혜를 갚는 것이 되느니라."

강의 "여래의 지혜를 믿는 이, 즉 불교를 제대로 믿는 이는 마땅히 이 법화경의 가르침을 설하여 듣고 알게 하라. 그것은 부처의 지혜를 얻도록 하기 위함이다."라고 하셨습니다. 진정으로 불교다운 불교를 알고자 한다면 부처님의 지혜를 알아야 하고 그 부처님의 궁극의 지혜란 곧 법화경의 가르침입니다. 최후의 가르침이요, 비장해 두었던 가르침이요, 최고의 수준에 오른 이들에게만 가르치는 이 법화경의 도리는 한마디로 사람이 부처님이라는 사실입니다. 사람들이 부처님이므로 모든 사람들을 부처님으로 받들어 섬기는 일은 세상사와 인생사의 모든 문제를 해결하는 열쇠가 되는 가르침입니다.

촉루품이란 법화경의 가르침을 널리 전하는 일이 최상의 보시며, 불자로서는 마땅히 몸과 목숨을 바쳐 행하여야 할 일이라고 하십니다. 경전에서 "내가 한량없는 백천만억 아승지겁에 이 얻기 어려운 최상의 깨달음의 법을 닦고 익혔느니라. 이를 이제 너희에게 부촉(付囑)하노니, 너희는 응당 일심으로 이 법을 펴서 널리 전하게 하라."라고 하였습니다. 불교인으로서는 부처님의 훌륭한 가르침을 펴는 일에 모든 노력을 기울이고, 자신이 가진 모든 능력을 다 바쳐야 합니다. 그리고 그 일이 가장 값진 일이라는 소신을 가지고 살아야 합니다.

제23 약왕보살본사품(藥王菩薩本事品)

법을 위해 몸을 불살라 공양함

강의 이 품에서는 약왕보살의 전생의 일[本事]을 들어 법화경을 널리 전하고, 은혜에 보답하며 감사하는 마음으로 공양을 올리는 본보기를 소개하는 내용입니다. 위법망구(爲法忘軀)라고 하여 깨달음의 지혜를 구하고, 그 지혜를 널리 전하며 은혜에 보답하고 감사의 공양을 위해서는 몸과 목숨을 잊어버린다는 이야기는 경전에 흔히 있는 이야기입니다. 열반경의 설산동자(雪山童子)가 그렇고, 화엄경의 선재동자(善財童子)가 그런 사례들입니다.

약왕보살은 예전에 법화경을 배우고는 훌륭한 삼매를 얻고 그 일에 보답하고자 온갖 공양을 올렸습니다. 그러나 끝내 마음이 차지 않아서 몸을 불사루어 부처님께 보답하고자 하였습니다. 아무리 소중한 물건이라 하더라도 이 몸만은 못합니다. 그래서 보시 중에는 가장 존귀하고 최상제일인 이 몸으로서 부처님께 공양을 올린 사례입니다. 정법을 위해서 진실로 자신의 모든 것을 희생할 수 있는 그런 용기가 절실하게 필요한 이즈음 깊이 새겨볼 가르침입니다.

경문 부처님께서 말씀하셨습니다.

"과거 일월정명덕(日月淨明德) 여래께서 약왕보살의 전신인 일체중생희견(一切衆生喜見)보살과 여러 대중들을 위해 법화경을 설하셨느니라. 일체중생희견보살은 즐겨 수행을 하고, 그 부처님의 법 가운데서 열심히 정진하여 현일체색신삼매(現一切色身三昧)를 얻었느니라. 이 삼매를 얻고 마음이 크게 환희하여 곧 이런 생각을 하였느니라.

'내가 현일체색신삼매를 얻음은 다 법화경을 들은 힘 때문이다. 나는 이제 마땅히 일월정명덕 부처님과 법화경에 공양하리라.' 그리고는 온갖 귀한 꽃과 향으로 공양하고 다시 말하기를, '내가 비록 신통력으로 부처님께 공양하였으나 몸으로서 공양함만 같지 못하다.' 하고, 여러 가지의 향을 먹고 바르고 하기를 천이백 년을 한 뒤 좋은 옷으로 몸을 감고 향유를 부어 스스로 몸을 불태웠느니라. 그 광명은 팔십억 항하사 수의 세계를 두루 비추

244

었느니라.

그 때 여러 부처님들께서 동시에 찬탄하여 말씀하시기를, '훌륭하고 장하다. 이것이 참 정진이며, 참다운 방법으로 여래를 공양한 것이니라. 온갖 꽃과 향과 영락으로 공양하고 갖가지 물품으로 공양한다 할지라도 이에 미치지 못하며 나라와 처자를 보시한다 할지라도 이에 미치지 못하느니라. 선남자야, 이것이 제일의 보시며, 보시 중에는 가장 존귀하고 최상이니, 법으로써 모든 여래를 공양하기 때문이니라.' 라고 하였느니라."

강의 불자들이 계를 받을 때 팔을 태우고 혹은 손가락을 모두 다 태우는 사례들이 있습니다. 그리고 때로는 전신을 분신(焚身)하는 예도 있습니다. 이와 같이 불교에서 분신을 하는 근거는 위에서 본 약왕보살의 법에 대한 신심과 열정으로 부처님과 법에 공양을 올린 이야기에서 비롯합니다. 등신불(等身佛)의 이야기처럼 부처님과 부처님의 가르침에 감동하여 주체할 수 없는 환희심이 솟구치면 자신의 모든 것을 바쳐 공양하고픈 마음이 일어납니다.

근래에 생존하셨던 어느 큰스님은 손가락을 네 개나 불태워 공양 올리고, 피나는 정진으로 수많은 수행자들의 귀감이 되었던 일은 근대 한국 불교사에 참으로 숭고한 일로 기록되었습니다. 그 큰스님의 아름다운 행적은 약왕보살의 높은 뜻을 본받고, 나아가서 후인들에게 법을 위해서 몸을 초개같이 버릴 줄 아는 용기를 보여주셨습니다. 요즘에 계를 받을 때 향불로 한순간 따끔하게 하고 마는 일이 종종 있습니다. 그것마저 참지 못하고 호들갑을 떠는 이들을 볼 때 어쩐지 슬픈 마음마저 듭니다. 약왕보살은 부처님의 가르침에 감동하여 모든 것을 다 보시하고 끝내 이 몸과 목숨마저 보시 공양하였다고 하였습니다. 불법을 위해서 비록 몸과 목숨은 보시하지 못하더라도 명예와 이익은 돌아보지 않는 자세가 우선되어야 할 것입니다.

제24 묘음보살품 (妙音菩薩品)

법화행자의 본보기 1

강의 묘음보살은 정화수왕지(淨華宿王智) 부처님의 세계에 있는 큰 보살입니다. 그 보살이 수행한 내용이 모두가 법화경의 실천에 모범이 되었으므로 법화경을 수행한 사람의 행리(行李)를 본보기로 소개한 것입니다. 그는 오랫동안 한량없는 백천만억의 모든 부처님께 공양하고 친근하여 깊은 지혜를 성취하였습니다. 몸의 크기도 어마어마하며, 그 아름다움이란 사바세계의 사람들로서는 도저히 요량할 수 없는 경지입니다.

특히 묘음보살은 16가지의 뛰어난 삼매를 얻은 것이 다른 보살과 다른 점입니다. 그 삼매의 힘으로 사바세계에 오게 되고 기사굴산 근처에 팔만 사천 보배 연꽃을 만들기도 합니다. 그리고 다보불의 칭찬을 받기도 합니다. 무엇보다 그의 교화에 있어서는 34종의 여러 가지 신분의 사람으로 화현(化現)하여 중생들을 교화한다는 능력을 소개합니다. 다음 품의 관세음보살 보문품(普門品)과 아울러 이 모든 공덕과 능력이 법화경 실천자의 본보기라는 뜻입니다.

법화경의 사상을 실천 수행하는 사람은 누구나 묘음보살, 관세음보살과 같은 삼매와 공덕과 교화의 능력이 있습니다. 그리고 세상에 노닐면서 중생들을 교화하고 세상을 건지는 데 누구도 따를 수 없다는 것을 구체적인 인물을 통해서 보여주는 내용입니다. 보문품의 내용과 아울러 법화경을 수행하면 어떤 능력을 갖추게 되는가를 아주 절묘하게 표현하고 있는 품입니다.

경문 그 때 석가모니 부처님께서 육계정상에서 광명을 놓으시고, 또 다시 미간의 백호상에서 광명을 놓으셨습니다. 그 빛이 동방으로 백팔만억 나유타 항하사 수효와 같은 여러 부처님의 세계를 두루 비추셨습니다. 이 수많은 세계를 지나서 세계가 있는데 이름이 정광장엄(淨光莊嚴)이요, 그 나라에 부처님이 계시는데 이름이 정화수왕지(淨華宿王智)세존이셨습니다. 한량없고 가없는 보살 대중에게 공경받고 에워싸여 그들을 위해 법을 설하셨습니다. 석가모니 부처님의 백호상 광명이 그 나라를 두루 비추었습니다. 그 때 정광장엄국토에 한 보살이 있는데 이름이 묘음(妙音)입니다. 오랫 동안 온갖 덕의 근본을 심어서 한량없는 백천만억의 여러 부처님을 공양하고 친근하여, 깊은 지혜를 성취하고 묘당상삼매, 법화삼매, 정덕삼매 등 백천만억 항하사 수의 온갖 큰 삼매를 얻었습니다.

강의 부처님의 광명을 통해서 저 멀리 다른 세계에 있는 부처님과 보살을 드러냅니다. 서품의 서두에도 있었듯이 광명을 놓음으로써 온 세상이 환하게 밝혀지고 부처님의 세계와 제자들의 수행하는 갖가지의 모습들이 드러났습니다. 그처럼 광명이란 세상을 밝히는 지혜의 빛입니다. 그 빛을 통하여 법화행자가 성취할 수 있는 지혜와 자비와 삼매와 신통력과 아름다운 용모와 교화의 능력과 중생의 신분과 근기를 따라서 화현(化現)할 수 있는 온갖 모습들을 환히 드러내었습니다.

이러한 이야기를 하나의 설화의 형식을 빌어서 드러냈는데, 그것이 사실이든 지어낸 설화든 그 이야기가 담고 있는 속뜻을 제대로 이해하고 해석해 내는 일이 경전을 공부하는 사람들의 소임입니다. 법화경에는 이와 같은 상징적인 이야기가 거의 모두라고 해도 과언이 아닙니다. 그래서 법화경 안에 있는 온갖 신비하고 비현실적인 이야기들을 제대로 해석한 사람은 역사상 한 사람도 없는 것으로 알고 있습니다. 경전 이해의 어려움이 바로 이런 점입니다.

법화경은 다른 경전에 비해서 가장 많은 사람들이 연구하고 해석하였으나 아직도 경을 결집한 사람의 뜻을 풀지 못한 문제들이 너무나 많습니다. 뛰어난 지혜를 갖춘 보살이 있어서 하루 빨리 풀어내야 할 문제들입니다. 모든 부처님의 비요지장(秘要之藏)이라 하여 실로 비밀스러운 내용들이 너무 많기 때문에 누구도 다 풀어헤칠 수 없는 경전이기 때문인지 그 또한 알 수 없는 일입니다.

제25 관세음보살보문품
(觀世音菩薩普門品)

법화행자의 본보기 2

강의 이 품에서는 앞서의 묘음보살에 이어 관세음보살도 법화행자가 성취할 수 있는 가장 이상적인 지혜와 자비와 원력과 교화와 구원의 능력이 잘 표현되었습니다. 관세음보살은 자신의 지혜와 자비가 뛰어날 뿐만 아니라 자신의 이름을 부르는 그 공덕의 힘으로도 중생들의 온갖 고난과 재앙들을 물리칠 수도 있다고 합니다.

이 품을 위시하여 지장경 등 불교에서는 불보살의 명호를 소리내어 부름으로써 일체의 고난으로부터 구제를 얻고 바라는 바를 모두 이룬다는 믿음이 지극히 팽배하여 있는 것이 사실입니다. 그 이치를 바르게 이해해야 다른 종교의 맹신과 다름을 알 수 있습니다. 그 다른 점의 가장 중요한 것은 부르는 대상이 자신의 안에 있다는 사실입니다. 얼핏 보기에는 자신 밖에 있는 관세음보살을 부르는 것과 같이 보이나 그 내용은 부르는 사람들의 자신의 내면에 감춰져 있는 영원한 생명과 무한한 능력을 일깨워 자신의 것으로 활용하는 일입니다. 자신의 내면에 있는 영원한 생명과 무한한 능력을 일깨워내는 일은 곧 자신이 부처님이라는 확신에서부터 출발합니다. 관음경, 즉 관음신앙이 이 법화경의 근본취지인 '사람이 부처님이다'라는 데서부터 시작한 이유도 여기에 있습니다. 불교가 다른 종교와 다른 점이 이것입니다.

임제 스님은 일찍이 오대산으로 일보 일배를 하면서 문수보살을 친견하러 가는 사람들에게 이렇게 말했습니다. "오대산에는 문수보살이 없다. 오대산의 문수보살을 친견하러 일보 일배를 하면서 올라가는 당신이야말로 살아 있는 참 문수보살이다."라고 하였습니다. 참으로 청천의 벽력과도 같은 사자후입니다. 임제 스님만이 할 수 있는 큰 법문입니다. 독자는 여기에서 눈을 떠야 합니다. 이처럼 우레와도 같은 큰 소리에 눈을 뜨지 못하면 다시 어느 생에 눈을 뜨겠습니까.

그런데도 오해의 소지가 많은 것은 근기가 하열(下劣)한 사람들에게 적절한 방편으로 사용하고 있는 불상이나 보살상 앞에서 부르도록 한 데서 기인합니다. 상견중생(相

見衆生)이라 하여 근기가 하열한 사람들은 어떤 모습을 보아야 비로소 마음이 생기므로 그들을 교화하기 위한 방편이 오해를 낳게 된 것입니다. 모양다리를 봄으로써 비로소 자신 안에 있는 무한한 능력을 일깨워 낼 수 있는 근기들에게는 오해의 소지는 있으나 지극히 타당한 방편이기 때문입니다. 열심히 불러 일념이 되면 화두참선(話頭參禪)보다도 훨씬 우수한 공부방편입니다.

경문 세존께서 말씀하셨습니다.

"관세음보살은 크고 큰 서원 깊기가 바다와 같아, 헤아릴 수 없는 겁을 지나오면서, 무수한 천억 부처님을 받들어 섬기고, 청정한 큰 원을 세웠느니라. 깨끗하여 때가 없는 청정한 광명, 지혜의 태양이라 모든 어둠 깨뜨렸느니라. 그러므로 관세음보살의 이름을 듣거나 그 모습을 친견하여 마음에 늘 생각하여 헛되이 지내지 아니하면 능히 모든 고뇌가 소멸하리라. 가령 해치려는 자가 있어 큰 불구덩이에 밀어 뜨렸을 때에 저 관세음보살을 생각하는 그 힘으로 불구덩이가 변하여 못이 되리라. 혹 큰 바다에 표류하여 용이나 온갖 귀신의 환난을 당했을 때에 저 관세음보살을 생각하는 그 힘으로 파도에 빠지지 않으리라."

여래선, 조사선

강의 관세음보살을 소리 높여 부르십시오. 그 힘으로 모든 재앙은 사라질 것입니다. 마치 나무 밑에서 소리를 지르면 나무 위에 있던 새들이 모두 날아가 버리듯이. 불교 수행이란 한마디로 미혹을 끊는 것(斷惑)과 복덕을 성숙시켜나가는 일(成德)입니다. 그 모든 일이 이 관세음보살을 부르므로 다 이뤄집니다.

선게(偈禪)에,

　　"만연도방하(萬緣都放下)
　　상념관세음(常念觀世音)
　　차시여래선(此是如來禪)
　　역위조사선(亦爲祖師禪)
　　내 밖에서 오는 인연이나 안에서 일어나는 인연이나
　　모두 놓아버리고
　　항상 관세음보살만을 일념으로 생각하라.
　　이것이 여래선(如來禪)이며,
　　그 유명한 조사선(祖師禪)이니라."

관세음보살은 태양 빛과 같은 지혜로써 모든 사람 일체 생명들을 부처님으로 바라보십니다. 그리고 무수한 세월 동안 바다처럼 깊고 깊은 서원으로 그들을 부처님으로 받들어 섬기며 살아왔다고 하였습니다. 법화경의 사상을 참으로 실천에 옮기며 살아가는 사람의 진정한 모습을 관세음보살은 이렇게 보여주고 있습니다. 불교의 진정한 정신을 이해하며 살아가는 사람의 모습을 그렇게 보여준 것입니다.

세상이 평화롭고 사람들이 행복할 수 있는 길은 오직 사람들을 부처님으로 받들어 섬기는 일뿐입니다. 참으로 인류의 행복과 평화를 위해서라면 모든 사람들을 부처님으로 받들어 섬기는 일입니다. 이 보잘것 없는 글과 글 속의 주장들은 오로지 인류가 다같이 행복하고 평화롭게 살 수 있는 바른 길을 제시하고자 한 것입니다. 이 길은 부처님이 깨달으신 길입니다. 부처님은 이러한 소신으로 평생을 인류의 행복과 평화를 위해 가르침을 펴신 것입니다.

사람들을 부처님으로 받들어 섬깁시다. 사람들을 부처님으로 받들어 섬기면 그도 행복하고 나도 행복하고 세상이 모두 행복합니다.

무비 스님의 법화경 이야기

사람이 부처님이다

초판 발행 2002년 11월 25일
초판13쇄 2015년　9월　4일

지은이 / 무비
발행인 / 박상근(至弘)
펴낸곳 / 불광출판사

03150 서울 종로구 우정국로 45-13 3층
대표전화　420·3200
편　집　부　420·3300
팩시밀리　420·3400
http://www.bulkwang.co.kr

등록번호 제 1-183호(1979. 10. 10)
ISBN 978-89-7479-857-4